AF209746

© Airi Pyykkö, 2019
Ensimmäinen painos
Kustannustoimittaja: Janne Pyykkö
Graafinen suunnittelu ja taitto: Sanna Pyykkö

ISBN: 9789523183629

Kustantaja: BoD – Books on Demand, Helsinki, Suomi
Valmistaja: BoD – Books on Demand, Norderstedt, Saksa

Muistoissani SCILLA
– elämäni vaatekauppiaana

AIRI PYYKKÖ

ESIPUHE

Sydämelliset kiitokset tämän kirjan valmistumiseen vaikuttaneille
henkilöille:

Poikani Janne taikoi tekstiin iskevyyttä ja pisti kerrontaan vauhtia.

Tyttäreni Sanna suunnitteli ja taittoi kirjaan hienon visuaalisen ilmeen.

Monet kiitokset myös niille lukuisille henkilöille, jotka auttoivat muistamaan yksityiskohtia 30 vuotta sitten tapahtuneista Scillan ensiaskeleista.

Olen kotona Turussa kahden lapseni kanssa. Tuttu naapuri saapuu kylään. Hän jää hoitamaan lapsia – minä pääsen hetkeksi kaupungille vaateostoksille. Mikä vapauden tunne kuljeskella kaupoissa vahtimatta lasten katoamista vaaterekkien sekaan. Tutkin vaatteiden leikkauksia, kangastyyppejä, saan ideoita. Kotona ompelen ideoita soveltaen vaatteita lapsille, itsellenikin. Pienten lasten äitinä elämässä on kivaa vaihtelua, mutta minulle sittenkin liian vähäistä, liian suppeaa. Haaveissani olen jotain enemmän. Olen keskellä miellyttäviä kohtaamisia ja tapahtumia, joissa on mukana vaatteita, pukeutumista ja värejä. Mutta ei vielä. Sen aika tulee myöhemmin.

Näin koin pieniä välähdyksiä tulevasta kauppiasurasta jo 1960-luvun lopulla.

Yritteliäisyys oli iskostunut minuun jo geeniperintönä – vanhemmat olivat pyörittäneet sekatavarakauppaa Suojärvellä Laatokan Karjalassa sekä sodan jälkeen Pohjois-Karjalassa Viinijärvellä ja Outokummussa. Rohkeutta sen puolesta riitti – olin nähnyt miten kauppa toimii.

Muutimme Turusta Vantaan Myyrmäkeen 1970. Tein töitä osa-aikaisesti rakennusalalla toimivassa perheyrityksessä, jonka myyntivalikoimaan kuuluivat muun muassa rättilaipat. En koskaan ymmärtänyt, mitä ne olivat. Päätin, että tässä vain opitaan taloudenpitoa ja järjestelmällisyyttä. Kun joskus perustan oman yrityksen, myyn siellä hameita ja puseroita – ne sentään ymmärrän.

Ruuvien ja muttereiden jälkeen sain työpaikan Seppälän myyntikonttorissa 1979. Se oli unelmien täyttymys – oikeastaan korkeakoulutasoinen perehtyminen vaatekauppaan. Liisa Lipsanen vastasi naisten mallistosta ja seurasin hänen työskentelyään. Siihen aikaan Seppälällä oli jo useita myymälöitä Suomessa ja aikaansa edellä olevat metodit laajentaa ostoja Kiinaan saakka.

Seppälän jälkeen työskentelin jonkin aikaa vuonna 1983 Marja Kurjen silkkihuiveihin erikoistuneessa yrityksessä. Ihailin sitä tarmoa ja uskallusta, millä hän oli perustanut yrityksensä ja etsinyt kiinalaiset valmistajat huiveilleen. Halusin kiihkeästi luoda jotain omaa, jota saisin itse kehittää ja suunnitella.

Oli vuosi 1984. Lapseni olivat jo täysi-ikäisiä ja vastasivat opiskeluistaan itsenäisesti. Avioliitto, kestettyään yli kaksikymmentä vuotta, ei enää tuonut uutta sykettä eikä inspiraatiota elämään. Koska työurallani olin jo kerännyt riittävän kokemuksen yrityselämästä, tein päätöksen.

Olen valmis!

YRITYKSEN PERUSTAMINEN VAATII TODELLISTA MONIAJOA

Helsingin Fredrikinkatu oli suosittu muotikatu ja sieltä vapautuviin kauppoihin oli suorastaan ryntäys. Voidakseen vuokrata liikehuoneiston hyvältä paikalta oli maksettava kynnysraha. Pois muuttava yritys tiesi saavansa hyvät kynnysrahat ja osasi hinnoitella ne korkeiksi. Tästä maksusta ei annettu kuittia eikä sitä myöskään ilmoitettu verottajalle.

Halusin tietenkin perustaa vaatekaupan Fredrikinkadulle, mutta siihen ei käteisvaroja ollut. Hiljaisemmalla aivan kulman takana sijaitsevalla Eerikinkadulla kynnysrahavaatimus ei ollut niin kohtuuton. Tyydyin kompromissiin. Tein vuokrasopimuksen tammikuussa 1985 Eerikinkatu 10:een.

Eerikinkadun talot on rakennettu 1920-luvulla. Eerikinkatu 10:ssä on seitsemän liikehuoneistoa. Näyteikkunat ovat kapeita ja huomaamattomia, kävelijöitä kadulla vähänlaisesti. Oliko järkevää perustaa putiikki juuri tälle hiljaiselle kadulle? Tätä en kauan pohtinut. Into oman liikkeen perustamiseen oli kova.

Löysin kirjanpitotoimistosta tukihenkilön helpottamaan paperisotaa, mutta nimi minun piti keksiä itse. Sen piti olla helppo lausua eri kielillä, koska ostot ulkomailta tulisivat olemaan selviö. Selasin italian ja ranskan kielen sanakirjoja, linnuista ja kukista kertovia tietokirjoja ja monia muita inspiraatiota antavia julkaisuja. Lopulta päädyin ajatukseen, että nimen pitäisi ilmentää vaatekauppaa, jonka valikoimissa olisi vaatteita juhlaan, arkeen ja vaikkapa ihania menneen ajan muistoja, siis vintage-vaatteita.

Veljelläni Matilla oli ollut yritys jo viisi vuotta. Hän neuvoi nimen rekisteröimiseksi ottamaan yhteyttä patentti- ja rekisterihallitukseen. Parhaana vaihtoehtona pidin nimeä "Comero" (nimenomaan c-alkuisena), ja oletin, että se ilman muuta hyväksytään. Koska kolme ehdotusta piti tehdä, laitoin toiseksi nimivaihtoehdoksi "Missis", kolmannen olen unohtanut.

Kauhukseni "Missis" hyväksyttiin kauppani nimeksi. Kun kerroin tuttavilleni tulevan putiikin mahdollisesta nimestä, maalailtiin kaikenlaisia mainostekstejä kuten: "Oma putiikkisi on Missis / Osta pusero, saat peittoon tissis".

Hakupaperit oli jo kirjoitettu. Piti nopeasti keksiä uusi kuusikirjaiminen sana, jonka voisi liittää Missis-nimen tilalle samoihin papereihin. Italian sanakirjasta löysin Scilla-nimen, joka oli muillakin kielillä sama. Nimi on naisellinen, se lausutaan samoin kuin kirjoitetaan ja tuo mieleen kevään ensimmäiset puutarhakukat eli sinililjat. Nimi kelpasi myös rekisteröitäväksi. Onneksi.

Tilasin ostoskassit alan tukkuliikkeestä ja suunnittelin niihin oman logon. Kirjakaupasta oli ostettavissa Letterpress-nimisiä läpinäkyviä muovikalvoja, joihin painettuja kirjaimia voi kynällä raaputtamalla siirtää paperille. Valitsin Organda Medium -fonttimallin. Pidensin viimeisen a-kirjaimen sakaraa, jotta Scilla-nimen alle oli helpompi liittää lisäteksti, kuten "on muotia" tai "toimiva vaatekaappisi". Viimeksi mainitun olin rekisteröinyt Scillalle yrityksen mainoksissa käytettäväksi.

Löysin italialaisesta lehdestä mustavalkoisen naisen kasvokuvan ja liitin sen logotekstin yläpuolelle. Ostoskasseja otin kahta kokoa ja tekstin mustalla valkoiselle pohjalle. Vein ehdotukseni painotaloon viimeisteltäväksi. Kirjepaperit, kirjekuoret, kuittivihkot, kaikki kaupassa tarvittavat pienet asiat olivat järjestyksessä myymälän avaamiseen mennessä.

Myyntiä varten tarvittiin myös Luottokunnasta tilattava Visa-korttien leimauslaite varustettuna laatalla, jossa yrityksen tiedot ja yritystunnus. Ostokset naputeltiin ensin kassakoneeseen ja Visa-kortilla myytäessä kirjoitettiin 3-osaiselle kuitille ostosten arvo ja leimauslaitteessa "höylättiin" asiakkaan Visa-kortti ja allekirjoitettu kuitti. Yhden osan kuitista sai asiakas, toinen osa meni Luottokuntaan ja kolmas osa jäi liikkeeseen. Luottokunnan kuitit vietiin pankkiin ja odotettiin sieltä suoritusta viikon verran. Myöhemmin pankki- ja luottokortteihin tuli magneettiraita ja uudenlainen kortinlukija selvitti nopeasti asiakkaan tiedot ja ostosten määrän.

Tehdyn vuokrasopimuksen mukaisesti Scillan liiketila vapautui käyttööni helmikuun alussa 1985. Kuuden viikon aikana puusepänliikkeen jäljiltä oleva huoneisto remontoitiin edustavammaksi. Huonekalumessuilta ostin kassapöydän ja hankin konefirmasta käytetyn kassakoneen.

Loin tyhjästä Scillan liikeperiaatteet. Vaatteiden materiaalien tuli olla luonnonkuituja ja kohderyhmänä nuorekas aikuinen nainen – uskoin sen olevan hyvä tapa erottua, sillä pidin muiden vaatekauppojen tarjontaa liian klassisena ja värittömänä.

Jonkin verran pankin perustamislainaa olin saanut ja sillä oli operoitava. Lainaa varten tein pankille Scillan toimintasuunnitelman ja yrityksen kannattavuuslaskelman. Tehtävä oli vaikea, koska yhtään vaatetta ei siinä vaiheessa ollut ostettu eikä myyty. Tulevaisuus oli arvoitus, mutta olin jo matkalla kohti unelmaa.

Maaliskuun 15. päivänä 1985 avasin Helsinkiin Eerikinkatu 10:een oman putiikin nimeltään Scilla.

JYMYUUTINEN AUTTAA TUTUSTUMAAN NAAPURIKAUPPIAISIIN

Eerikinkatu oli hiljainen ja rauhallinen, mutta kuukauden kuluttua avaamisesta tapahtui jotakin, mikä sähköisti kadun. Huhtikuun 17. päivänä jymyuutinen kertoi Helsingissä sijaitsevan Tillanderin kultasepänliikkeen aseellisesta ryöstöstä.

Kului vain kolme päivää, kun siististi pukeutuneet virolaiset miehet Raivo Roosna ja Alex Lepajõe tunnistettiin ja saatiin kiinni Helsingin Caloniuksenkadulla sijaitsevasta asunnosta. Ryöstäjät joutuivat vuosiksi vankilaan. Ryöstösaalis oli 1,4 miljoonan markan (233 000 euron) edestä kelloja ja koruja eikä sitä saatu koskaan takaisin.

Tuohon aikaan Viroon ei voinut matkustaa noin vain, kuuluihan Viro Neuvostoliittoon ja se oli suljettu maa. Vielä vähemmän pystyivät virolaiset matkustamaan Suomeen. Niinpä Raivo Roosna ja Alex Lepajõe olivat tulleet Suomeen kumiveneellä yön suojassa. Hurja pako Neuvostoliitosta, vielä hurjempi ryöstö ja päätyminen suomalaiseen tyrmään, joka oli kenties paratiisi neuvostoselliin verrattuna. Siinä vasta tarina!

Eipä ihme, että tapaus oli kaikkien uutisten ykkönen. Muut Eerikinkadun kauppiaat epäilivät, että pieni naapurissa sijaitseva muotiliike liittyisi tapaukseen, olihan se virolaisen rouvan perustama. Pikkuputiikin myyjän uskottiin olevan Raivo Roosnan tyttöystävä, joka oli osallistunut ryöstäjien piilopaikan järjestämiseen.

Minusta tuntui, että se oli vain arvailua, mutta mitäpä siitä. Aihe kiinnosti kaikkia ja niinpä kokoonnuimme naapurikauppiaitten kanssa juttelemaan asiasta. Tutustuin muihin pikkuputiikkien omistajiin ja sain kontaktin mukavaan joukkoon yrittäjähenkisiä ihmisiä.

Mitä Raivo Roosnaan ja Alex Lepajõeen tulee, tänään molemmat miehet elävät Virossa arvostettuina kansalaisina. Heille kävi lopulta hyvin.

KEVÄT 1985 – ENSIMMÄISET MUOTIMESSUT HELSINGISSÄ

Jo ennen liikkeen avaamista oli sinne tietenkin hankittava myytävää. Vatevan messut eli kaksi kertaa vuodessa pidettävä kaikkien Suomessa vaikuttavien vaatevalmistajien myyntinäyttely oli suuri tapahtuma. Sinne piti katsojanakin pukeutua näyttävästi, vaikkei ollut omalla osastolla esittelijänä.

Olin Seppälän aikoihin päässyt kerran Vatevan messuille Liisa Lipsasen assistenttina. Hän oli ottanut pienen tyttärensä Heidin mukaan ja käveli edelläni messukäytävällä tytärtään taluttaen. Ympärillä valokuvaajat pyörivät ja napsivat heistä kuvia seuraavan päivän lehtiin. Minä siinä kuvattavien takana kävellessäni tunsin saavani päälleni pienen sateen tähtipölyä.

Messuilla oli helmikuussa 1985 pienimuotoisesti mukana kevätmallisto ja pääasiassa koko seuraavaksi syksyksi suunnitellut kokonaisuudet. Aioin avata putiikin vuoden 1985 maaliskuussa, joten oli ostettava kerralla sekä kevään vaatteet että myös perusmallisto seuraavaksi syksyksi. Ilman minkäänlaista tietoa ostomääristä, väreistä tai asiakkaiden koosta hanke oli monen mielestä pähkähullu.

Myös Scillan oma vaatemerkki oli aluksi mielessäni. Löysin käsityöleh-destä kivan haalarin kaavan, jonka mukaan teetin lauttasaarelaisessa om-pelimossa kymmenkunta vaatetta valitsemallani kankaalla. Niskaan tuli lappu, jossa merkintä: "Scilla, 100 % puuvillaa". Kaikki haalarit menivät kaupaksi, mutta havaitsin pian, ettei tämä ollut oikea päämäärä. Vaatateh-tailija joutuu keskittymään valmistusprosessiin liittyviin haasteisiin – minä olin mieluummin toimitusketjun loppupäässä myyjänä tekemisissä iloisten asiakkaiden kanssa.

SCILLAN ENSIMMÄINEN KEVÄT LUMISATEESSA

Kuvittelin lämmintä kevättä ja kesää. Kovin suurta valikoimaa ei näillä Vatevan helmikuisilla syksyyn tähtäävillä messuilla ollut mahdollista os-taa kesäsesonkia varten. Tilatut vaatteet olivat puuvillaa ja pellavaa, värit vaalean punaisia, keltaisia ja heleän sinisiä shortseja, mekkoja, hameita ja pikku jakkuja. Muutamia kukkamekkoja ja värikkäitä trikoita oli tilattujen joukossa.

Sinä vuonna kevät oli kylmä ja 18. kesäkuuta satoi lunta. Ainoastaan ete-lään lomalle lähtijät ostivat jotain, muuten vaatteet roikkuivat tangoissa. Katselin kadulla lumisateessa liikkuvia ihmisiä lämpimät takit päällään ja mietin, kuinka heidät voi pysäyttää edes vilkaisemaan näyteikkunaa.

Olin Kööpenhaminassa käydessäni nähnyt vaaterekkejä kadulla ja huo-mannut itsekin uteliaana pysähtyneeni niitä penkomaan. Siispä sama keino pätee varmaan Scillan näyteikkunan edessä. Aamuisin laittelin houkutte-levia kesävaatteita kadulle rekkiin ja totta – sehän piristi heti myyntiä. Ka-dulla vastapäinen paperiliike noudatti esimerkkiä. Hänen liikkeensä edessä telineessä olevat postikortit saivat heti vilskettä aikaan jopa niin, että ta-loyhtiön hallitukseen kuulunut rouva tuli kiittelemään katua elävöittä-neestä esittelystä. Olimme kuulleet, että poliisi mielellään tarkasti ja poisti ylimääräiset telineet liikkeiden edestä, mutta ensimmäisen kesän saimme olla rauhassa. Ankean kadun ilme muuttui eloisammaksi. Kun vastapäisen parturiliikkeen kolme viehättävää työntekijää keksivät tuoda tuolit kadulle ja istuskelivat ulkona ottamassa aurinkoa, kadun ilme muuttui suorastaan vallattomaksi.

Mannermaista
tunnelmaa
Eerikinkadulla.

Heinäkuun alussa sää vihdoin lämpeni. Perinteiset alennusmyynnit alkoivat juhannuksen jälkeen. Koko kesän vaatevarasto, jonka olin suurin toivein neljä kuukautta aikaisemmin normaalihintaan ostanut, piti myydä alennuksella. Tosiasia oli, että sitä oli turha säilyttää seuraavaan kesään. Uuden sesongin värit ja mallit vaihtuivat ja eilistä päivää oli turha yrittää tarjota. Oli siis tyydyttävä siihen, että ne vaaleanpunaiset ja siniset kesävaatteet oli myytävä hinnalla millä hyvänsä ja suunnattava katse seuraavaan sesonkiin. Onneksi päivät muuttuivat aurinkoisiksi ja kadulla liikkuvat ihmiset alkoivat olla ostotuulella. Lomalle lähtijät etsivät uusia lomavarusteita ja vaatteet olivat nyt melkein ilmaisia.

Ensimmäisinä vuosina aloin vähitellen ymmärtää, minkälaisia malleja nuori aikuinen nainen vaatekaappiinsa etsi. Toimistoihin tarvittiin asiallista pukeutumista – siis jakkupuku oli paikallaan, mutta ei vanhanaikaisessa muodossa. Tarvittiin uusia ideoita, uusia värejä.

Kesäihmisen värikartta.

OLETKO KESÄ, SYKSY, TALVI VAI KEVÄT?

Alettiin puhua uudesta markkinoille tulleesta väriajattelusta eli amerikkalaisesta, englantilaisesta tai saksalaisesta värianalyysistä. Kaikki lähtivät samasta periaatteesta eli määriteltiin, sopivatko henkilölle paremmin kylmät vai lämpimät värit. Scillassa käytettiin saksalaista Matis-värikarttaa, jonka värisävyt sopivat parhaiten pohjoismaiselle iholle.

Mihin perustuvat värijaottelut vuodenaikojen mukaan? Syntymäaika ei määrittele värityyppiä. Vaikka olisit syntynyt kesällä, et silti automaattisesti ole kesätyyppi tai syksyllä syntynyt ei ole syksyihminen. Värityyppien nimet tulevat suoraan luonnossa eri vuodenaikoina esiintyvistä väreistä. Talvityypin värit ovat kylmiä ja jäisiä – musta, vitivalkoinen, sähkönsininen, pinkki, grafiitti. Kevät peilaa luonnon heräämistä talvihorroksesta – kirkas punainen, voikukan keltainen, turkoosi, kamelinruskea, vihreä. Kesän aurinko polttaa kevään kirkkaat värit harmahtaviksi – merensininen, viininpunainen, hailea harmaa, maalarin valkoinen. Syksyn värikkäät puut värjäävät syksytyypin paletin – sinapinkeltainen, punainen, oliivinvihreä, ruskea, oranssi. Kesän ja talven värit kuuluvat kylmiin väreihin, kevät ja syksy lämpimiin.

Vatevan messuilla tapasin sattumalta henkilön, joka teki työkseen väri-analyysejä. Sovimme heti yhteistyöstä. Varasin myymälästä sopivan tilan ja laitoin näyteikkunaan mainoksen iltaryhmien mahdollisuudesta tilata väri-analyysi. Innostuneita ryhmiä löytyi heti jonoksi asti. Tilaisuudet olivat tosi hauskoja kaikkien jännittäessä analyysin tulosta ja päästessä näin itsekin toteamaan värien piristävän vaikutuksen tutuille ihmisille.

Analyysi alkoi aina niin, että kokelaalle laitettiin vitivalkoinen tai luonnonvalkoinen huivi eteen ja mietittiin, kumpi väri olisi hänelle pukevampi. Jos vitivalkoinen näytti paremmalta, hän kuului kylmien värien käyttäjiin eli kesään tai talveen. Luonnonvalkoinen huivi viittasi lämpimiin väreihin eli kevääseen tai syksyyn. Sen jälkeen eri huiveja vaihtamalla ja tarkkailemalla niiden vaikutusta testattavan ihoon päästiin vähitellen oikeaan tyyppimääritelmään. Jokainen osallistuja sai ostaa oman värikarttansa. Yllätyksiä sattui. Moni, joka aina oli rakastanut mustaa tai aina inhonnut punaista, hämmästyi, että väriajatukset piti muuttaa ja rohkeasti alkaa kokeilla jotain uutta. Jos luotti ja hyväksyi uudet värinsä, ei hukkaostoja enää tullut. Kukapa ei olisi halunnut kuulla tuttavien ihastelua uudistuneesta ulkonäöstä ja ihmettelyä nuorentuneesta olemuksesta.

Analyysin jälkeen kaikilla oli mahdollisuus sovittaa myymälässä vaatteita. Väriterapeutin ollessa asiantuntijana paikalla oli helppo sukeltaa uuteen värimaailmaan, varsinkin, kun sai kannustusta koko ryhmältä. Minulle värianalyysi opetti katsomaan asiakkaita eri tavalla kuin ennen. Yritin miettiä, mikä on uuden asiakkaan värityyppi ja ehdottaa oikeata väriä. Joskus olin liian innokas analyysissäni ja asiakas pakeni kauhuissaan kadulle luullen minun yrittävän väkisin myydä sellaista väriä, johon hän ei ollut tottunut. Uuden värin omaksuminen olisi kieltämättä vaatinut lempeämpää kohtelua.

Yhä useampi asiakas tuli valmiin analyysikirjansa kanssa. Helppo juttu oli miettiä hänelle joko koko asua tai uutta huivia täydentämään entistä. Koska värianalyysiä harjoittavia oli ilmestynyt lukuisia, tuntui siltä, että kaikkien ammattiosaaminen ei ollut ihan kohdallaan. Kerran tuli ostoksille tuttu asiakas, jonka aina ajattelin olevan aito talvityyppi eli hänelle sopivia värejä olivat musta, harmaa, tumman sininen ja pinkki. Hän saapui pukeutuneena oliivin vihreään ja ruskeaan. Uteliaana tiedustelin, mistä uusi look johtui. Värianalyysissä hänet oli todettu syksytyypiksi, minkä seurauksena hän oli heittänyt kaikki talvityypin värit pois käytöstä ja uskoi nyt sinapin keltaiseen, kirkkaan punaiseen ja muihin syystyypin väreihin. Tällä kertaa ymmärsin olla hiljaa.

Kerran keski-ikäinen pariskunta tuli yhdessä värianalyysiin. Perheessä oli tapana, että rouva oli aina miehensä mukana vaateostoksilla ja hänen mielipiteensä ratkaisi värin valinnan. Rouva oli pukeutunut ruskeaan takkiin kaulassaan sinapinkeltainen huivi eli hän vaikutti syystyypiltä. Herran vihreä lodentakki oli sekin syksyn väripaletista. Analyysin tulos oli, että rouva tosiaan oli syksy, mutta herra harmaatukkaisena ja sinisilmäisenä oli tyypillinen kesä. Molemmat olivat tyytyväisiä lopputulokseen – ehkä heillä oli tullut joskus erimielisyyttä värivalinnoissa. Uskoisin, että herra sai nyt enemmän itseluottamusta uskaltautua yksin värikarttansa kanssa ostoksille.

Sama ongelma syntyi silloin, kun ystävättäret tulivat yhdessä vaateostoksille. Eri värityyppiin kuuluvina toisen neuvot olivat toiselle väärät. Kuka ratkaisee, jos omaa mielipidettä ei ole?

Värianalyysistä ei puhuta nykyään, vaikka se olisi yhtä tärkeä pukeutumisen lähtökohta kuin kolmekymmentä vuotta sitten. Musta väri on vallannut alaa. Se on helppo ratkaisu, sillä mustaa löytyy kaikissa malleissa, hintaluokissa ja materiaaleissa. Väriä voi käyttää vuosikausia sen pysyessä aina muodissa. Ajatellaan, että se on ainoa tyylikkään pukeutumisen takuuväri. Talvityypille se onkin oikea, mutta muille värityypeille saattaa tuoda ikävän yllätyksen: Iho näyttää heti kalpeammalta, silmien alle tulee tummat varjot ja olemus vaikuttaa väsyneeltä. Tarvitaan enemmän ehostusta. On olemassa kuitenkin yksi keino torjua väärän värin vaikutus – oman värityypin värinen huivi kaulaan niin että se 15 cm:n leveydeltä antaa heijastuksen kasvoille ja peittää väärän värisen puvun vaikutuksen.

Kerran saatu värianalyysi on ikuinen. Tuijottelen silloin tällöin omaa kesätyypin karttaani. Ikää tulee lisää ja vanhemmiten ihonväri muuttuu. Kartan värit ovat nykyään osittain liian kirkkaita ja voin käyttää niitä vain huiveissa efektinä. Perusvaatteet ovat aina sinisiä, viininpunaisia tai harmaita – joskus tietysti myös mustia. Oikeastaan kesäihmisen "musta" on aina tumman sininen. Talvi/kesätyypit valitsevat koruikseen hopeaa ja kevät/syksyihmiset kultaa.

* * *

Ensimmäinen vuosi Scillan perustamisesta oli kulunut. Tilikausi päättyi 28. helmikuuta 1986. Oli aika miettiä, vastasiko tulos odotuksia. Yrityksen perustamiskustannukset olivat olleet huomattavat. Kynnysraha, myymälän remontti, sisustaminen ja vaateostot oli osittain maksettava pankilta saadulla perustamislainalla. Kylmä kevätsää 1985 vaikeutti myyntiä ja alemyynti rokotti myyntikatetta. Ensimmäinen vuosi osoitti sen, mitä yrittäjän arki tulee olemaan. Kaikkeen pitää varautua. Oli myönnettävä ensimmäisen tilivuoden saldona, että tappiota tuli. Olin kuitenkin oppinut valtavasti, enkä epäröinyt jatkaa. Suuntasin innokkaana katseeni seuraavaan vuoteen, johon olin jo ladannut paljon odotuksia.

KEVÄT 1986 – ENSIMMÄINEN MESSUMATKA SAKSAAN

Olin syyskuussa 1985 käynyt vaateostajille välttämättömillä Vatevan messuilla ostamassa suomalaisilta valmistajilta kevään 1986 mallistoa. Halusin kuitenkin päästä ulkomaisille messuille haistelemaan kansainvälisempiä trendejä. Düsseldorfin messut olivat lähin suuri muotitapahtuma, joka minulle saksan kieltä taitavana tuntui turvalliselta kohteelta. Kaksikymmentä vuotta aikaisemmin olin ollut vuoden Saksassa työssä pikku hotellissa, mihin saksan kielen taitoni perustui. Tosin siellä puhuttu Odenwaldin murre oli kaukana saksan kirjakielestä, mutta koulun pitkä saksa auttoi ymmärtämään käytännön tilanteissa. Uskoin saavani helposti kontaktin saksalaisiin yrityksiin. Tilasin matkan helsinkiläiseltä messumatkoihin erikoistuneelta toimistolta.

Menomatkalla lentokone oli täynnä suoraan "Kuka kukin on"-kirjasta tunnettuja liikemiehiä ja liikenaisia, muotimaailman edustajia ja näytösmannekiineja yritysten messuosastoille. Kolmen tunnin lennon jälkeen pääsin tutustumaan saksalaisten liikkeiden vaatetarjontaan. Seuraavana päivänä messukeskusalueella hämmästyin valtavia rakennuksia, olisiko ollut lähemmäs kaksikymmentä, jotka esittelivät vuoden 1986 syysmuotia. Yksi valtava halli sisälsi pelkästään laukkuja ja kenkiä, toinen huiveja ja vöitä, kolmas häävaatteita, neljäs syksyn juhlapukeutumista ja koruja. Halleista viidessä oli muotia, joka voisi olla Scillan konseptiin sopivaa.

Kartta kädessä kiersin rivin toisensa jälkeen tarkastelemassa osastoja. Kun lopulta löysin sopivat toimittajaehdokkaat, oli keskusteltava vielä siitä, haluavatko he myydä mallistostaan pikkueriä ja millä hinnalla.

Kolme päivää kiersin messuosastojen käytäviä edestakaisin ja kävin lukuisia keskusteluja. Syksyn 1986 mallisto alkoi hahmottua.

DÜSSELDORFIN VANHAN KAUPUNGIN ELÄMÄÄ

Iltaisin tutustuin Düsseldorfin idylliseen vanhaan kaupunkiin. Messujen parasta antia olivat persoonalliset olutpubit ja saksan kielen harjoittelu oluttaan siemailevien asiakkaiden kanssa. Hauskin pubi oli Legeips AD eli nurin käännetty Da Spiegel = Peili. Se oli aina niin tupaten täynnä asiakkaita, että vain tunkemalla joukkoon sinne pääsi sisään. Mikä tunnelma! Tarjotinta päänsä yläpuolella kantava tarjoilija jakeli täysiä olutlaseja ja merkitsi viivalla lasien määrän jokaisella kädessä olleeseen pahviseen lasinaluseen – lähtiessä viivat ynnättiin ja maksu tuli sen mukaan. Rytmikkään musiikin tahtiin olutlasit keikkuivat ja musiikki sai tungoksen liikkeelle. Puheensorina oli valtava. Suomessa paikka olisi suljettu, mutta siellä kaikki nauttivat tunnelmasta.

Törmäillessäni tungoksessa yritin samalla harjoittaa kielitaitoani. Eräänä pubi-iltana juttelin harmaatukkaisen herran kanssa. Hän kutsui minut seuraavana iltana kanssaan syömään ja sanoi hakevansa minut hotellilta Jaguaarillaan. Kyllä kai, ajattelin ja mietin uskoako vai ei. Päätin kuitenkin suostua.

Todella! Herr Joachim Mietz tuli Jaguaarillaan. Siitä lähtien jokaisten messujen aikaan kävimme syömässä ja matkan teimme aina Jaguaarilla – pientä luksusta minulle työn keskellä. Ehdimme tavata useiden vuosien ajan. Kerran hän pistäytyi Eerikinkadun putiikissani ollessaan laivaristeilyllä Itämerellä. Vuosittain joulutervehdyksen mukana päivitämme kuulumiset. Tämä tapa jatkuu edelleen, vaikka messumatkat ovat jo kymmenen vuoden ajan olleet ohi.

Eräiden kevätmessujen aikaan jouduin juttusille vaalean viisikymppisen saksalaismiehen kanssa. Taisi siinä keskustelussa vilahtaa muistot lapsuudesta aina nykypäivään ja vähän tulevaisuuden toiveisiinkin saakka. Herr Jürgen Strand innostui uudesta tuttavuudesta niin paljon, että halusi näyttää minulle saksalaisia vuoristokyliä ja ympäristön idyllisiä maisemia. Kotiin palattuani sain yllätyksekseni häneltä kauniin kukkatervehdyksen. Seuraavien kuukausien aikana kukkatervehdyksiä tuli silloin tällöin, mikä herätti naisasiakkaissa sekä kateutta että ihailua niin huomaavaisesta herrasmiehestä. Otin valokuvan kukkakimpusta ja lähetin sen hänelle todistuksena tervehdyksen saapumisesta ja samalla kiitin kauniista kimpusta. Tapasin Jürgen Strandin seuraavien messujen aikana, mutta ymmärrettyäni hänen olevan naimisissa, en kiinnostunut jatkosta. Kukkatervehdyksetkin loppuivat.

Nuori mustatukkainen Irakin kurdimies seisoi Spiegelissä seinänvierustalla yksinään. Hän kertoi, että pelätessään joutumista sotaväkeen hän oli kaksi vuotta aikaisemmin paennut Saksaan – vanhempi veli oli kuollut armeijan harjoituksissa. Yhteyksiä kotiin hän ei uskaltanut ottaa, perheen kohtalo oli arvoitus.

Irakissa aloitettuja yliopisto-opintoja ei voinut Saksassa jatkaa ilman Saksan kansalaisuutta, mihin hän uskoi kuluvan ainakin kaksi vuotta. Kaksoiskansalaisuutta ei Saksassa tunnettu. Uuden kansalaisuuden saatuaan mies menettäisi saman tien entisen. Siihen eivät monet vierastyöläiset olleet valmiita, vaikka se esimerkiksi tälle kurdimiehelle toisi mahdollisuuden siirtyä pitsanpaistajasta opiskelijaksi ja saada uusi parempi toimeentulo.

1960-luvulta lähtien tuhansittain vierastyöläisiä oli tullut Turkista ja sittemmin Irakista ja Iranista työskentelemään tehtaisiin. Saksalaiset pitivät heitä vähempiarvoisina ja vieroksuivat. Sen huomasin Spiegelissä – kukaan muu ei halunnut jutella kurdimiehen kanssa.

Kerran Düsseldorfin vanhan kaupungin tori oli täynnä nuoria miehiä. Musiikki soi, olut maistui. Pienissä kojuissa myytiin piparkakkutaikinasta leivottuja suuria sydämiä, joita poikaystävät ripustivat mukaan tulleesta nauhasta toistensa kaulaan. Niihin oli pursotettu monenlaisia rakkausviestejä välittämään omia tunteita vastaanottajalle. "Ich liebe dich", "Du bist mein Liebling", "Mein liebster Freund" ("minä rakastan sinua, olet rakkaani, paras ystäväni"). Katselin poikaystävien onnellisia ilmeitä ja mietin, voisiko samanlaisen tapahtuman järjestää Suomessa.

Kuvittele Hietalahden tori täyteen pieniä kojuja, hymyileviä piparkakkusydänten myyjiä ja pumppuorkesteria torin laidalla luomassa iloista tunnelmaa. Uskaltaisivatko suomalaiset poikaparit näyttää julkisesti rakkauttaan uteliaan yleisön tuijotellessa torin ympärillä? Tapahtuma saattaisi aiheuttaa aggressiivisia reaktioita, naureskelua, huutelua ja pilkkaa – siis aivan mahdotonta Suomessa ainakin 1990-luvulla. Saksassa suhtautuminen oli hyväksyvää, iloista ja vapaamielistä. Piparkakkusydämet saisivat Suomessa odottaa joulua ja ripustamista joulukuuseen – silloin ne voisi turvallisesti sisätiloissa kahden kesken antaa sydänystävälle.

Huolimatta Saksan korkeasta elintasosta havaitsin kolikon toisen puolen illalla kaupungilla kulkiessani. Yötä vasten yksinäiset ihmiset – suuri osa vierastyöläisiä mutta myös saksalaisia – majoittuivat vilttiensä päälle kaduille seinän viereen. Vieressä oli nyytissä ruokaa ja juomaa. Harvinaista ei myöskään ollut, että monilla oli turvana mukanaan koira. Kun ihmettelin katuyöpymistä, sain selityksenä sen, että oli turvallisempaa nukkua kadulla, jossa poliisit partioivat, kuin takapihojen pimeissä nurkissa. Poliisi ei myöskään hätistellyt heitä pois. Jopa Düsseldorfin huippumuodikkaalla pääkadulla Königsalleella kaikkien luksusnäyteikkunoiden loisteessa majaili viltillään köyhä yöpyjä. Mikä kontrasti!

Suomessa tällainen olisi täysin mahdotonta. Ei Eerikinkadulla, Etelä-Esplanadilla eikä Kirkkopuistossa ole ollut yöpyjiä. Vaikka Suomi on aina ollut köyhempi maa kuin Saksa, se on myös ilmastoltaan kylmempi. Suomalainen yhteiskunta on osannut ojentaa auttavan kätensä pulassa oleville kodittomille – tai ainakin vähitellen oppinut siihen kuten 1960-luvun lopulla, jolloin Helsingissä lisättiin hätämajoitustilojen määrää, jotta asunnottomat alkoholistit eivät kuolisi koviin pakkasiin. Samaa esivallan järjestelmällistä huolenpitoa näen myös perheemme tarinassa: Kun isäni, äitini ja me kolme alle kouluikäistä lasta tulimme jatkosodan loppuvaiheessa heinäkuussa 1944 Suojärveltä Pohjois- Karjalaan Viinijärvelle, ei tarvinnut evakkomatkan jälkeen etsiä paikkaa hautausmaan kiviaidan vierestä. Saimme väliaikaiseksi asunnoksi huoneen pappilasta, kunnes isä sai rakennettua uuden talon.

Düsseldorfin kevätmessujen aikana helmikuussa sää oli aurinkoinen ja lämmin. Silloin oli ihanaa Suomen talven jälkeen istuskella ulkoilmakahviloissa juttelemassa muiden messukävijöiden kanssa tulevasta sesongista. Syysmessut syyskuun lopulla toivat torille elonkorjuujuhlat ja viininmaistajaiset. Orkesteri soitteli reippaita mukaansatempaavia kappaleita, jotka saivat kansan tanssimaan. Saksalaiset näyttivät viihtyvän yhdessä tuttaviensa kanssa tämän tapaisissa tilaisuuksissa jutellen, syöden hyvin ja kuunnellen musiikkia oluttuoppien antaessa tahtia.

ASIAKKAAT SAAVAT KIRJEITÄ

Düsseldorfin messuilla tilatut syysasut toimitettiin puolen vuoden kuluttua elokuussa 1986. Kevätmuodin olin ostanut Vatevan messuilta, josta ensi kertaa sai myös ulkomaisten agenttien mallistoja – kauppa kansainvälistyi myös näin päin.

Ensimmäisen vuoden aikana olin kerännyt osoitteita asiakkailta, jotka halusivat perehtyä tulevaan muotiin etukäteen. Kirjeet lähetin kevät- ja syyssesongin alussa, siis kahdesti vuodessa.

Idean tähän olin saanut Seppälästä. Viikoittain sieltä hoidettiin kirjeitse yhteyksiä kaikkiin omiin myymälöihin. Informaatio koski lähiaikoina myymälöihin saapuvia toimituksia, tuotehinnoitteluohjeita ja valtakunnallista yhteismainontaa. Tällainen viikoittainen yhteydenpito oli uutta Suomessa.

Asiakaskirjeessä kerroin miltä kevätmuoti 1986 tulee näyttämään. Muotia ovat kirkkaat päävärit, neonvärit, näyttävät painokuviot, pilkut ja raidat. Kirjaimet, numerot ja graafiset kuviot tekevät ylisuuresta t-paidasta suosituimman vaatekappaleen. Jakut ovat malliltaan laatikkomaisia ja leveitä.

Ranskalaisen
Verdosa-malliston
näkemys muodista
1986–87

Jakkujen hihat käännetään niin, että värikäs vuori ja siinä ollut logo näkyvät. Asuun kuin asuun kuuluvat olkatoppaukset lisäten suuruusvaikutelmaa. Hameet ovat väljiä ja nilkkapituisia. Väljyyden vastakohtana tiukalle kurottu vyötärö on kauden tunnusomaisin piirre. Muotiin tulevat patellavyöt, kymmenen senttiä leveät mustat kumimaisesta materiaalista valmistetut vyötärön hoikentajat. Ne napsautettiin edestä kiinni näyttävillä soljilla.

TUTUSTUN UUSIIN ASIAKKAISIIN

Asiakkaat sovittelivat juuri kauppaan tulleita vaatteita ja miettivät värejä. Innostuneena valokuvasin sen hetkistä muotia heidän esittelemänään. Nyt jälkeenpäin kuvia katsellessani näen hymyileviä ilmeitä ja luontevia asentoja. Kaikki näyttävät viihtyvän hyvin esittelemissään asuissa ja heille sopivissa malleissa. Vahinko, etten voi julkaista näitä kuvia yksityisyyden suojan takia. Siinä olisi muotinäytös ihan huippumuotijulkaisujen tapaan.

Joitakin asiakastapaamisia on jäänyt mieleeni.

Eräänä iltapäivänä tutunoloinen rouva tarkasteli näyteikkunaa ja tuli sisälle kysymään, löytyykö mustaa pitkähihaista puseroa. Hän oli Tarja Halonen, silloinen kansanedustaja. Katselin hänen punaista tukkaansa ja sanoin mielipiteenäni, että musta ei mielestäni ollut hänen paras värinsä. Ehdotin syksytyypin väriskaalaa ja erityisesti sammaleen vihreää juuri Ranskasta tullutta A-linjaista neulejakkua. Ei, sanoi asiakas, haluan mustan, koska se on tarpeeksi neutraali väri – se ei herätä liikaa huomiota eikä aggressioita. Juteltuamme hän kuitenkin sovitti jakkua ja lähti sen kanssa lopulta puodista. Tyytyväisenä katselin uutisia, joissa hän oli mielestäni oikein tyylikäs jakussaan. Tosin myöhemmin tasavallan presidenttinä hän käytti usein mustaa edustusasua eikä se niissä puitteissa näyttänyt väärältä valinnalta – ehkä ei myöskään herättänyt liikaa aggressioita.

Nuori neitokainen oli menossa häihin. Hänen vaatekaapissaan oli vain mustia vaatteita ja hän halusi nyt ystävättärensä häihin valita väriksi jotain muuta. Yksittäiskappaleena olin tuonut messuilta kauniin terran värisen housupuvun. Se sopi hänelle hyvin. Esteenä oli hinta. Tyttö oli köyhä eikä pystynyt itse ostamaan pukua. Poikaystävä tulisi mukaan ostoksille ja neitonen tiesi, että pihinä miehenä poikaystävä ei hyväksyisi hintaa. Hän ehdotti, että jos hän nyt etukäteen maksaa siitä silloisen viisikymppisen, sanon puvun hinnaksi sen verran alemman arvon.

Poikaystävä tuli mukaan ostoksille. Tyttö sovitti housuasua ja sai saman tien kuulla arvion liian leveästä takapuolestaan ja kuinka tyttö ei ollenkaan osannut kantaa pukua. Lisäksi hinta oli edelleenkin liian kallis, vaikka olin maininnut sovitun alemman hinnan. "Mikäs tämä tällainen kauppa on, ettei hinnasta nyt ainakin viisikymppinen putoa", tankkasi hän kerta toisensa jälkeen. Tyttö oli itkun partaalla. Lopulta mies suostui maksamaan mainitun hinnan, mutta kun tyttö yritti ehdottaa vielä pukuun sopivaa vyötä, se oli jo liikaa. "Olisit kiitollinen, että maksoin tämän puvun, se riittää." Voin kuvitella juhlatunnelmaa häissä.

Miesten ylivaltaa parisuhteessa ihmettelin. Vanha herttainen rouva halusi ostaa mustan jakkumaisen puseron. Sopiva malli ja hänelle sopiva tyyli löydettiin. Seuraavana päivänä hän onnettomana toi puseron takaisin. Hänen lähes yhdeksänkymppinen miehensä piti puseroa liian kevytmielisenä. Ei ollut muuta vaihtoehtoa, kuin palauttaa ostos ja maksaa rahat takaisin. Pusero oli pitkähihainen ja korkeakauluksinen, kauluksessa hieman pitsiä reunassa. Siinäkö oli kevytmielisyys?

Vaalea rouva tuli liikkeeseen. Hän kertoi olleensa iltakävelyllä miehensä kanssa. He olivat katselleet ikkunassa ollutta valkopohjaista kukkamekkoa ja mies oli halunnut ostaa sen vaimolleen. Mekkoa oli tullut kolmessa eri värissä ja rouva sovitti kaikki värit. Tulimme siihen tulokseen, että valkoinen pohjaväri teki rouvan kalpeaksi ja sininen sopi hänelle paremmin. Rouva ei uskaltanut heti ostaa mekkoa, koska miehen valinta oli ollut valkoinen. Laitoin sinisen mekon näyteikkunaan niin, että mies iltakävelyllään näkisi varatun mekon värin. Odotin mekon hakijoita turhaan. Epäilen, että koska mies olisi halunnut ostaa juuri valkopohjaisen mekon ja kuuli rouvansa valinneen sinisen, häntä ei enää kiinnostanut leninginosto. Ehkä olin väärässä.

Vastapainona oli aivan ihania pariskuntia. Mies saattoi kannustaa rouvaansa ostamaan sitä ja tätä, mutta rouva katsoi kaiken olevan turhaa. "Kyllä tämä minulle riittää, en minä tarvitse mitään lisää." Herranen aika, ajattelin, kun on tällaisen miehen löytänyt, niin antaisi mennä. Harvinaista oli tavata niin vaatimaton rouva, mutta vielä harvinaisempaa noin antelias aviomies. Toisaalta kukapa tietää taustoja ja tarkoitusta.

Yhdessä ostoksilla olevista pariskunnista välittyi monesti keskinäinen kunnioitus ja me-henki. Haluttiin tuottaa kumppanille hyvää mieltä. Erään hauskan pariskunnan aviomies ostoksia maksaessaan kehui aina kovaan ääneen mukavaa liikettä ja hyvää asiakaspalvelua. Siinä tuli elävää mainosta läsnä oleville asiakkaille ja myyjälle iloinen mieli.

SYKSYN 1986 VAATETOIMITUKSET ALKAVAT

Kesän alennusmyyntien jälkeen elokuun alussa syysvaatteiden toimitukset alkoivat. Huolintaliike toi suuremmat erät liikkeeseen, pienemmät kävin itse hakemassa tullikonttorista. Systeemi toimi vuosia sujuvasti kunnes tulli eräänä vuonna ilmoitti, että yrityksemme ei ollut maksanut tullilaskuja. Olimme kyllä maksaneet laskut huolintaliikkeelle, mutta kävi ilmi, että se oli tehnyt konkurssin ja jättänyt rahat tilittämättä. Tulli ei ollut ilmoittanut meille mitään maksuhäiriöstä, vaikka hyvin tiesi syyn. Se syytti tavaran vastaanottajia laiminlyönnistä ja peri maksuja toiseen kertaan. Mukana asianosaisina oli monia kymmeniä yrityksiä. Meille asia oli vakava, koska pieni budjettimme ei olisi kestänyt kahteen kertaan maksettavia tullimaksuja emmekä olisi voineet siirtää niitä vaatteiden hintoihin. Teimme tullin syyttämien yritysten kanssa yhteisvalituksen. Lopulta kaksoislaskutus peruttiin.

Syksy toi uusia ideoita pukeutumiseen. Muotiin tulivat housuhameet. Niihin suhtauduttiin suurella varauksella. Villakankaisina ja nilkkapituisina ne olivat ihanan lämpimiä syysviimoissa. Muistan erään asiakkaan, joka katseli niitä epäillen. Hän olisi halunnut mielellään ostaa housuhameen itselleen, mutta suuren firman johdon sihteerinä ei uskaltanut. Yritysjohto ei hyväksynyt housuja sihteerien työasuiksi ja oli kieltänyt niiden käyttämisen.

Syystakkien kanssa suuret italialaiset huivit olivat ehdottomasti muodikkaita. Jokaisella piti olla takkinsa päällä näyttävän näköinen huivi. Ulkokäyttöön tai neuleasujen kanssa ne olivat materiaaliltaan ohutta villaa ja juhlapukeutumisen kanssa silkkiä. Kun värivaihtoehtoja oli paljon ja huivit suhteellisen kalliita, meni aikaa oikean värin valinnassa. Jos asiakkaalla oli oma värikartta, vertasimme huivien värejä kartan väreihin. Muussa tapauksessa ehdotin itse sopivaa sävyä yrittäen analysoida asiakkaan värityyppiä. Ostos oli hinnakas ja kun takkiakin käytettiin vuosia, piti värin olla juuri oikea.

UUSI NAAPURI

Syksy lähti hyvin liikkeelle, kunnes naapurikaupassa tapahtui muutoksia. Eerikinkatu 10:ssä on seitsemän liikettä, joista ainoastaan yhdessä on oma sisäänkäynti kadulta – kuudessa muussa on yhteinen eteinen naapurikauppiaan kanssa.

Scillan kohdalla tämä tarkoitti sitä, että yhteisestä eteisestä mentiin oikealle Scillaan ja vasemmalle tupakkakauppaan. Sitä piti vanha mies, joka saattoi viikoksi kadota jonnekin. Vaimo kävi joskus kyselemässä, onko miestä näkynyt. Koska liike oli epämääräisesti auki, tuotiin meille paketteja, jotka minun piti toimittaa naapurille. Heräsi tietysti epäilys kaupanteon laadusta, mutta mitään häiriötä mies ei aiheuttanut. Kun kävin kysymässä, voinko ulko-oveen pistää oman mainokseni, hän sanoi, että sen kun vaan, hän ei mitään mainoksia tarvitse.

Erään viikonlopun jälkeen huomasin, että naapuri oli tyhjentänyt liikkeensä ja joukko miehiä puuhasi näyteikkunan edessä. Illalla lähtiessäni tarkastelin viereisen ikkunan uutta mainoskylttiä ja kauhistuin. Olin saanut naapurikseni yrityksen nimeltään Sex 10. Joskus aikaisemmin etsiessäni yritykselle paikkaa olin törmännyt kivaan liikkeeseen, mutta hylännyt ajatuksen huomatessani sen naapurina olleen seksiliikkeen. Olin joutunut ojasta allikkoon.

Olihan se vitsikästäkin, että ulko-ovesta tulevat asiakkaat jaettiin heti eteisessä tyyliin "naiset oikealle, miehet vasemmalle". Ajan kanssa se ei enää hymyilyttänyt. Miltä olisi näyttänyt, jos Scillan ensiksi hyväksytty nimi Missis olisi jäänyt voimaan? Tässä olisi nyt vierekkäin kaksi liikettä, joista toisen nimi on Sex 10 ja toisen Missis, vieläpä molemmat samalla sisäänkäynnillä.

Yritystä vetävä kauppias vaikutti sympaattiselta ja oli myötämielinen, kun ehdotin, että kadulle johtava ulko-ovi saranoitaisiin vasemmalta puolelta aukeavaksi. Siten ovi ei peitä avoimena ollessaan meidän näyteikkunaamme ja johdattaa asiakkaat paremmin meille kuin hänen kauppaansa. Taloyhtiö suostui muutokseen. Ulko-ovimainokset eivät naapuria kiinnostaneet, joten sain edelleen pitää ne itselläni.

Vaihdoin ulko-ovimainoksia usein sitä mukaa kun uusia vaatetoimituksia tuli myymälään. Aluksi teetin ilmoitukset mainostoimistossa. mutta koska tekstien teettäminen siellä oli hidasta ja aika kallista, kävin itse tekstauskurssin. Näin pystyin nopeasti tekstaamaan uuden ovimainoksen.

Aluksi systeemi Sex 10:n kanssa toimi hyvin ja ilman häiriötä. Kun jonkun ajan kuluttua naapuriliikkeessä alettiin polttaa suitsukkeita ja niiden haju tuli meidän puolellemme, oli pakko reagoida. Lisäksi liikkeen avoimesta ovesta näkyi hyllyillä suu avoimena katsovia nukenpäitä ja miehiä lattialla polvillaan penkomassa laatikoista luettavaa. Soitin poliisille. Kerroin tilanteen, mutta mitään ei ollut tehtävissä. Yritys oli laillisesti rekisteröity, liiketoiminta oli hyväksyttävää eikä mitään rikollista ollut tapahtunut.

Joutuessani joskus vaihtamaan rahaa naapurissa, en tiennyt, minne olisin katsonut – nukenpäihin, seksitarvikkeisiin vai pornomainoksiin. Sovimme kauppiaan kanssa, että hän pitää kaupan sisäoven kiinni, jolloin meidän asiakkaamme eivät näe seksistisiä mainoksia. Suitsukkeiden haju ei myöskään tule liikkeemme puolelle. Asiakkaita naapurilla riitti, sillä monet eivät halunneet tilata seksilehtiä suoraan kotiosoitteeseensa, joten ne tulivat Sex 10:n kautta. Kuulin joskus kauppiaan puhelimitse sopivan tulevista filmeistä ja näyttelijöiden palkkaamisesta niihin. Yrityksellä oli ainakin terveet liikeperiaatteet kasvattaa asiakaskuntaa ja etsiä uusia kanavia toiminnalleen.

Koska minua jatkuvasti harmitti asema, johon tahtomattani olin joutunut, kyselin asiakkailta, mitä mieltä he olivat seksikaupan naapuruudesta. Oliko sijaintimme heidän mielestään ollut este tulla sisään? Ainoastaan yksi asiakas oli suhtautunut epäilevästi, suurin osa ei ollut edes huomannut. Ne, jotka olivat huomanneet, sanoivat, ettei se ollut heitä haitannut.

KIVAT MYYJÄT LUOVAT MYYMÄLÄÄN TUNNELMAA

Koska kauppa oli pieni, tarvittiin vain yksi osa-aikainen myyjä. Itse olin joka tapauksessa aina paikalla. Oli onni, että yhden myyjän lähdettyä opiskelemaan tai jatkamaan työelämää uusissa ympyröissä, seuraava myyjä sopeutui hyvin liikkeen imagoon.

Aluksi sain apua entisiltä Seppälän aikaisilta tutuiltani. Tarvitsin kuitenkin henkilöä kestävämpään työsuhteeseen. Työpaikkailmoitus työnvälitystoimistossa oli helpoin tapa etsiä uutta työntekijää. Sitä kautta löytyi töihin ensimmäinen myyjämme Erja. Hän oli kilpatanssia harrastava sutjakka neitonen ja hyvä mannekiini pienempikokoisille asiakkaille. Taitavana ompelijana Erja valmisti itse strassein ja helmin koristellut tanssipukunsa. Koska hyvään asiakaspalveluun kuului, että myyjä osasi tehdä asiakkaan ostamaan vaatteeseen tarvittavat merkinnät ennen sen viemistä korjaus-

Erja, ensimmäinen myyjämme
Flamantin asussa.

ompelijalle, Erjan osaaminen oli ehdottomasti ensiluokkaista. Aluksi korjattavat vaatteet kävi hakemassa ompeluliikkeen työntekijä, myöhemmin kiikutimme ne itse Eerikinkadulla toimivaan ompelimoon.

Joskus kävi myös niin, että asiakas toi korjattavaksi oman jakkunsa tai helman lyhennyksen vanhasta leningistään tietäen, että meidän korjaushintamme olivat halvemmat kuin normaalit ompelutaksat. Muutaman kerran tämän teimme, mutta kun ompelijamme huomautti pesemättömistä tai likaisista vaatteista, emme enää ottaneet korjattaviksi muualta ostettuja vaatteita.

Seuraava myyjä Merja oli kotoisin kaukaa Lapin perukoilta. Hänellä oli vitivalkoinen polkkatukka ja aina iloiset hymyilevät silmät. Menipä hän asioille postiin tai hakemaan pakettia tullista, niin aina hänelle esitettiin treffikutsuja. Merjan huomasi myös moni Sex 10:n asiakas eteisessä ohi kulkiessaan ja tuli kyselemään mahdollisuutta tapaamiseen. Merjan olemuksessa oli jotain maagista, kenties isän porotilalta peräisin olevaa Lapin taikaa. Hän puhui sujuvaa englantia ja vilkkaana luonteena solmi yhtenään kansainvälisiä kontakteja.

Yöklubissa pistäytyessään hän saattoi tavata kuuluisan hajuvesitehtailijan ja saada lahjana pullon kallista parfyymiä. Kahvilassa häntä tuli kerran kohtalokkain seurauksin puhuttelemaan amerikkalainen salaisissa tehtävissä ollut lentäjä. Mitään yksityiselämään liittyviä kontakteja lentäjä ei olisi saanut solmia eikä varsinkaan kertoa mitään omasta elämästään. Myös lentokoneen lähtöpäivä Helsingin lentokentältä ja lennon määränpää olivat salaisuuksia. Poistuessaan Suomesta lentäjä ei antanut osoitettaan Amerikassa eikä Merja saisi missään tapauksessa yrittää selvittää hänen olinpaikkaansa. Tämä tapaaminen vaikutti Merjan koko loppuelämään. Lentäjän jo lähdettyä Merja huomasi odottavansa lasta. Heille syntyi yhteinen salainen lapsi, mistä lapsen isä ei koskaan saanut tietää. Merjaa en ole tavannut Scilla-ajan jälkeen enkä tiedä kaipaako poika tietoja isästään. Tänään hän on 30-vuotias.

Luotin täysin työntekijöitteni hoitavan työnsä hyvin. Saatoin joskus olla asioilla osan päivää ja tiesin, että mitään ongelmia ei ollut tullut. Ainoastaan kerran petyin. Työnvälityksen avoimeen paikkaan vastasi mukavan näköinen ja jo aikaisemmin myyjänä ollut neitonen. Sovimme työajan ja annoin hänelle liikkeen avaimet. Hämmästyin, kun sunnuntaina myymälässä pistäytyessäni löysin hänet istumassa lattialla vaaterekkien välissä. Kotona oli ollut riitaa, hän selitti, eikä hänellä ollut muuta paikkaa, mihin mennä. Ne muutamat päivät, jotka hän oli ollut töissä, olivat menneet hyvin. En kuitenkaan tuntenut hänen tuttavapiiriään enkä enää uskaltanut luottaa raha-asioiden hoitoa hänen vastuulleen. Vaikka säälitti tytön kohtalo, katsoin viisaammaksi ottaa avaimet pois ja toivoa vaikeuksien selviävän hänen elämässään.

Düsseldorfin messut syyskuussa 1986 olivat tulossa eikä minulla ollut sillä kertaa tiedossa myyjää messuajaksi. Kauppa olisi siis pistettävä muutamaksi päiväksi kiinni. Pohtiessani asiaa puotiin tuli aivan Doris Dayn, amerikkalaisen filmitähden, näköinen asiakas. Marketta oli kuvataiteilija, runoilija, taidenäyttelyiden pitäjä ja lausuntailtoja järjestänyt aikaansaava nainen. Hän oli nyt monien taitojensa lisäksi halukas kokeilemaan uudenlaista uraa myyjänä. Idea siitä tuli hänen katseltuaan näyteikkunaa. Mietin asiaa pari päivää ja päätin kokeilla. Vaikka hänellä ei ollut kokemusta yrityksen rahaliikenteestä, ajattelin, että noin monitaitoiselta naiselta tehtävä kyllä luonnistuu. Lähdin luottavaisena messuille.

Sillä aikaa Marketta oli miettinyt myymälän sisustusta. Scillan kalustus oli Seppälän aikaisen tuttuni Jukka Karjalaisen suunnittelema. Hän vastasi kaikkien Seppälän uusien myymälöiden sisustuksesta. Jukalla oli taito luoda myymälämiljöö moderniksi ja myyväksi niin, että asiakkaan oli helppo löytää vaihtoehdot värien ja mallien mukaan ryhmitellyistä tangoista. Scilla yritti samaa pienemmissä puitteissa. Tähän ideaan Marketta käytti luomis-taitoaan ja alkoi asetella vaatteita katosta melkein lattiaan saakka riippu-maan pystytankojen varaan seinälle. Kaikki ripustukset olivat sävysävyyn ryhmissä. Vyöt ja huivit oli aseteltu pukujen päälle niin, että asiakas ker-ralla näki täydellisen asukokonaisuuden. Olo oli kuin taidegalleriassa, jossa näyttely vaihtui koko ajan uuteen.

VANHASSA MAESTROSSA TANGO SOI JOKA ILTA

Yksi kiinnostuksen kohde Marketalla ja minulla oli yhteinen, nimittäin tanssiminen. Vanha Maestro oli aivan kulman takana, joten sinne oli help-po piipahtaa. Ei niin rasittavaa työpäivää ollutkaan, etteivätkö tanssimu-siikki ja rytmikkäät askeleet olisi poistaneet työväsymystä.

Legendaarisessa Vanhassa Maestrossa viihdytettiin yleisöä tavallisten tanssi-iltojen ja keskiviikkoisin naistentanssien merkeissä. Aikaisempina vuosina järjestettiin missikilpailuja ja härkäjuhlia. Valittiin Miss Maestro ja härkäjuhlissa kannettiin pöytään kokonainen savustettu härkä. Sisäänpää-sylipun hinnalla siitä sai syödä niin paljon kuin jaksoi.

Missikilpailut ja härkäjuhlat olivat mennyttä aikaa. Nyt erityisesti keski-viikkona tanssinhaluinen joukko rynnisti naistentansseihin jopa Tukhol-masta saakka. Sieltä tultiin sopivasti iltalaivalla ja palattiin aamulla takai-sin. Orkesteri oli aina paikalla vauhdittamassa askeleita. Naiset ja miehet istuivat yleensä erikseen omissa pitkissä pöydissään. Harvoin mentiin Maestroon parin kanssa.

> Hiljaa yössä nyt sävel kaikaa,
> tähtein vyössä on kummaa taikaa,
> mieltä kiehtoo tää rytmi kuuma,
> tulta liehtoo sen outo huuma… [1]

---

1 Uruguaylaisen muusikon Gerardo Matos Rodríguezin 1917 säveltämä La Cumparsita, suomennos Kullervo

Musiikki sai monen tunteellisesti painamaan posken poskea vasten hyvän tanssittajan johdattaessa romanttisiin tunnelmiin.

Kun siellä ei esittäydytty tanssipartnerille, naiset antoivat vakituisesti tansseissa käyville miehille lempinimiä ulkonäön mukaan. Oli sellaisia herroja kuin Mustaparta, Henkselimies, Raitapaita, Mustasurma ja itämaisen näköinen Kirgiisi. Näin tiedettiin, kenestä oli kysymys, kun raportoitiin edellisen kerran tanssitapahtumista.

Ja jos arki ahdisti, voi ikävät asiat unohtaa antautumalla tanssin vietäväksi.

> Hymyillen voit myös murheen kantaa,
> auringon loistaa antaa,
> yön jälkeen koittaa jälleen voi taas aamun koi… [2]

Maestroon tuli kuin kotiinsa. Sama tuttu naisseurue istui aina tietyssä pyöreässä pöydässä. Kerrottiin tärkeimmät tanssikuulumiset ja katsastettiin uudet miehet. Yksi seurueen naisista oli *Tietotoimisto*. Hän haki tanssimaan tuntemattomat kiinnostavat miehet ja tuli kertomaan tulokset. Kuka oli naimisissa, kuka juuri eroamassa, kenellä oli metsäpalsta jossain tai ehkä rahaa ja rikkautta. Yleensä nämä herrat olivat siellä vain satunnaisesti, joten romansseja ei ehtinyt syntyä.

Poikkeuksiakin oli. Eräs vakituinen Maestron tanssituttava rakastui norjalaiseen kalastajaan ja muutti hänen luokseen Jäämeren saarelle. Romanssia kesti kaksi vuotta, kunnes yksinäisyys ja kielivaikeudet voittivat rakkauden. Kotiuduttuaan tapasimme hänet taas tutuissa Maestron ympyröissä.

Keskiviikon naistentanssit olivat niin erikoinen tapahtuma, että yritysjohtajat toivat sinne ulkomaisia vieraita ihmettelemään menoa. Naiset kävivät pyytämässä myös näitä ulkomaalaisia tanssiin. Monet heistä, eritoten amerikkalaiset, eivät alkuunkaan käsittäneet, mistä oli kysymys. He epäilivät tanssittajia maksullisiksi naisiksi eivätkä uskaltaneet lähteä tanssimaan.

Yksi pieni juttu Maestrosta on jäänyt mieleeni. Naistuttavani oli tulossa maalta Helsinkiin vappuaattona ja lupasin hänelle yösijan. Ehdotin illalla tutustumiskäyntiä Maestroon. Illan aikana tuntematon tanssittajani kertoi, että hän oli tullut Oulusta Helsinkiin tarkoituksenaan yöpyä opiskelija-

---

2 Hymy eli Smile, Charlie Chaplinin elokuvasta Nykyaika, 1936

poikansa kämpässä. Poika oli kuitenkin löytänyt vappuheilan, joten isä sai etsiä kämppänsä muualta. Mies kysyi, voisinko tarjota hänelle yösijan ja kertoi suuntaavansa aikaisin vappuaamuna Ullanlinnanmäelle. Mikä ettei, olihan meitä kaksi naista toistemme turvana. Aamulla herätessämme mies oli häipynyt jättämättä minkäänlaista viestiä. Vuosia myöhemmin Vanhan Tanssikellarissa eräs mies kiitti yösijasta vappuna. Tapauksen muistin, en hänen ulkonäköään.

SCILLA-KABINETTI KOKOONTUU SYKSYLLÄ 1986

Scillan toinen toimintavuosi oli menossa. Myyntikäyrät kehittyivät positiivisesti, mutta lisää liikevaihtoa tarvittiin. Vauhdittaakseni myyntiä päätin markkinointimielessä kutsua iltaryhmiä tutustumaan päivän muotiin ja sovittelemaan vaatteita.

Sujautin aina ostospussiin mukaan tietoa liikkeessä myytävistä merkeistä sekä maininnan Scilla-kabinetista. Asiakkaat saivat koota oman kymmenen hengen ryhmän ilmaiseen iltasovitukseen. Samalla he saivat pientä tarjoilua ja alennuksen mahdollisesta ostoksesta. Oli hauskaa, kun ryhmäläiset tunsivat ennestään toisensa ja kannustivat uusien värien ja mallien valinnassa. Siinä samalla he kertoivat työhuolistaan, matkoistaan tai yksityiselämästään niin, että havaitsin kabinetti-iltojen olevan myös monille terapeuttisia. Tutussa joukossa uskalsi kertoa huolista, joista muuten vaikenisi.

Scilla-kabinetin mainos.

Kabinetti- ja väriterapiailtoja oli joskus useita kertoja viikossa. Työpäivät venyivät silloin iltaisin kahdeksaan. Asuin Vantaalla. Kotona olin vasta yhdeksältä illalla. Ajan oloon tuli raskaaksi lähteä aamulla töihin niin ajoissa, että ehti hoitaa pankkiasiat ennen myymälän avaamista. Myöhäisen kotiinpaluun takia ilta-aika kotona jäi vähänlaiseksi.

Ratkaisuksi tuli pikkuasunnon vuokraaminen kantakaupungista. Uudenmaankadulla oli sopiva vapaa yksiö, jonka kalustin sukulaisilta lainaamillani huonekaluilla. Perheeni pärjäsi arkipäivät kotona ja minulle jäi aikaa harrastaa itseäni kiinnostavia asioita. Sellainen oli Tanssikoulu Star.

Tuttavani Leenan kanssa seisoskelimme silloin tällöin iltaisin suositussa ravintola Mikadossa. Keskellä lattiaa oli suuri ellipsin muotoinen tiski, johon nojailivat milloin eduskunnan täysistunnosta vapautuneet tunnetut kansanedustajat, milloin muuten vain lehdistöstä tutut henkilöt. Leenan kanssa suunnittelimme samalla yhteistä matkaa Barcelonan olympialaisiin vuonna 1992. Molemmat päädyimme sittemmin kisoihin eri teitä – Leena lentämällä, minä kolmen tilausbussin kolonnassa yhdessä curlingia harrastavien kisaturistien kanssa – mutta se on jo toinen juttu.

Tanssikoulu Starin kurssille osallistumisessa oli yksi este. Sinne ei voinut ilmoittautua opiskelijaksi ennen kuin oli löytänyt oman tanssikavaljeerin. Tutustuin Mikadossa asianajaja Perttiin ja oikopäätä tuntematta häntä lainkaan pyysin partneriksi tanssikurssille. Vähän kyllä epäilytti. Hän vaikutti aika persoonalliselta tapaukselta päätellen vastauksesta, jonka hän antoi kukkamyyjälle tämän tarjotessa ostettavaksi ruusua. "Kiitos ei, olen syönyt jo tänään."

Pertin tanssitaito ja rytmitaju oli arvoitus. Opeteltiin askel kerrallaan valssin, tangon, quickstepin ja jiven askeleita. Kolme ensimmäistä tanssia hän oppi lukuisten toistojen jälkeen, mutta jiven askelkuviot ja rytmi olivat hänelle mahdottomia. Koska itse olin aikaisemmilla tanssikursseilla oppinut tanssimaan jiveä, tarjouduin antamaan hänelle lisäopetusta. Ei! Hän lähti mieluummin kavereiden kanssa kaljalle. Neljä tanssia opeteltuamme järjestettiin koetanssit, jotka läpäistyään oli mahdollista nousta D-luokasta C-luokkaan. Pertti ei suostunut jive-kokeeseen ja niin sitten jäin lopuksi elämäkseni D-luokkaan. Maestrossa luokituksesta ei ollut mitään väliä. Harmitti silti.

VUOKRALAINEN YLLÄTTÄÄ

Uudenmaankadun asunto oli hyvä ratkaisu pitkiin työpäiviin. Lokakuussa 1986 jouduin leikkaukseen. Sairauslomaksi määrättiin neljä kuukautta, jonka ajan asuin kotona Vantaalla. Asunto oli siis mahdollista vuokrata ulkopuoliselle siksi ajaksi. Nuori neitonen ilmoittautui halukkaaksi vuokralaiseksi ja maksoi etukäteen neljän kuukauden vuokran. Olin tyytyväinen. Annoin hänelle avaimet ja jätin puhelimen asuntoon sopien veloittavani puhelinkulut jälkikäteen.

Sairauslomasta huolimatta kävin silloin tällöin töissä. Kun vuokralainen oli asunut vuokralla kaksi kuukautta, päätin käydä tarkistamassa tilanteen. Menin hakemaan sieltä tuolin, jota sanoin ehdottomasti tarvitsevani. Huone vaikutti pimeältä ja tunkkaiselta. Anopinkieli ikkunalla oli kuivunut ja kuollut. Kun neljä kuukautta oli kulunut enkä ollut kuullut hänestä mitään, menin talonmiehen kanssa aamupäivällä asuntoon. Neitonen nukkui sängyllä. Hän ei muka tiennyt lähtöpäivästä ja vihaisena paiskoi tavaroitaan laukkuun. Televisio oli lattialla keskellä huonetta, mutta kun hän ei halunnut sitä mukaansa, annoin sen talonmiehelle.

Lauantaina aamupäivällä menin siivoamaan asuntoa. Kaapista löysin paperin, johon oli merkattu päivämääriä ja rahasummia. Samassa puhelin soi ja miesääni sanoi: "Sopiiko sinulle, että tulen tänään pistäytymään kello kaksi?" Kun änkytin ihmeissäni "miksi, mitä asia koskee, kuka puhuu", hän mitään sanomatta sulki puhelimen. Aloin ymmärtää, mihin tarkoitukseen asuntoa oli käytetty. Rahasummista päätellen business oli ollut varsin tuottoisaa.

En kuitenkaan päässyt neitosesta vielä eroon. Hän tuli myöhemmin puotiin uhkailemaan minua oikeudenkäynnillä. Raskaana olevaa naista ei saa irtisanoa asunnosta, väitti hän. Voi voi, kun asunto ei ollut minun, selitin ja pääsin lopullisesti eroon sen sortin vuokralaisesta.

Seuraavana kesänä, kun asiakasiltoja oli harvoin, tyttäreni Sanna asui Uudenmaankadun asunnossa kesätöittensä takia. Kun syksy toi taas tutut kabinetti-illat, olin tyytyväinen pikku asuntoni olemassaoloon.

PISTÄYTYJÄT

Oli hauskaa, että niin moni ihminen pistäytyi Scillassa päivittäin. Lähistöllä sijaitsevassa mainostoimistossa ja Ilmarisen vakuutusyhtiössä työskentelevistä neitosista saimme kivoja asiakkaita.

Oli myös toisenlaisia pistäytyjiä.

Yksi oli taloyhtiön isännöitsijä. Hän tuli ilmoittamaan, että talon asuinhuoneistoissa oli havaittu turkiskuoriaisia. Olisiko meillä huomattu samaa? Kauhistuin. Miten kävisi, jos vaatevarastoomme olisi löytänyt turkiskuoriaisten armeija syömään reikiä villavaatteisiin? Päällisin puolin tarkastellen niitä ei ollut havaittavissa. Soitin hädissäni vakuutusyhtiöön tiedustellakseni, korvaako vakuutuksemme turkiskuoriaisista johtuvat tuhot. "Ei, me emme vakuuta villieläimiä", oli vastaus. Onneksi ne eivät löytäneet talon asunnoista putiikin villaneuleisiin.

Silloin tällöin tapasin Joensuun yhteiskoulun aikaisia luokkatovereitani. He kaikki olivat ylioppilasvuoden jälkeen muuttaneet ympäri Suomen, mutta Helsingissä käydessään käväisivät tervehtimässä. Olin iloinen tapaamisesta, sillä olimme kouluvuosien jälkeenkin hyviä ystäviä.

Talossa oli ollut jonkun aikaa tyhjä liikehuoneisto. Se remontoitiin ja sinne muutti uudeksi liikkeenharjoittajaksi suutari. Kerrottiin, että joku varakas rouva oli tuonut hänet tullessaan lomamatkaltaan Turkista ja vuokrannut hänelle työtilan. Mies oli pitkä, tumma, hymyilevä ja oppinut kotimaassaan suomea korjatessaan turistien jalkineita.

Suomalaisia seurustelutapoja turkkilaismies ei tuntenut, vaan pistäytyi silloin tällöin Scillaan juttelemaan ja huolettomasti nojailemaan myyntipöytään. Tämä tuttavallinen tapa lienee ollut normaalia hänen kotimaassaan. Joskus sain kutsun drinkille suutariliikkeeseen kesken työpäivän. Hän oli miellyttävä henkilö kylläkin, mutta vierailut olivat kiusallisia. Hän ei ymmärtänyt käytöksellään häiritsevänsä kaupantekoa. Asiakkaat halusivat rauhassa sovittaa vaatteita ja ihmettelivät, miksi outo mies seisoskeli naistenputiikissa. Vapaa-ajan harrastukseensa hän kertoi valmentavansa juniorijalkapalloilijoita. Toimittuaan suutarina vuoden verran hän lopetti liikkeensä ja jäi Suomeen valmentajaksi. Tarvittaessa hän auttoi maanmiehiään työnhaussa ja asiapapereiden selvittelyssä tulkin ominaisuudessa.

Eerikinkadulla liikkui usein romaneja. Heidän oma kannatuslehtensä ilmestyi silloin tällöin ja tapanamme oli ostaa se tietyltä romanirouvalta. Joskus he tarjoutuivat povaamaan ja selittivät juuri nyt näkevänsä kaksi asiaa, jotka meidän olisi hyvä tietää. Vaatteita he joskus kävivät katselemassa, mutta tiesimme, että heillä oli omat ompelijansa ja oma tyylinsä niin, että kauppoja ei tullut.

Kerran eräs kookas tukeva romanirouva pistäytyi sisään kysyäkseen, saisiko käyttää meidän vessaamme. Puodissa ei ollut asiakkaita, joten epäröiden annoin luvan. Kului aikaa. Asiakkaita tuli ostoksille. Yhtäkkiä nuori romanityttö juoksi sisään ja huusi: "Mamma, mamma, missä sinä olet?" Vessasta kuului kovalla äänellä vastaus: "Rosina, Rosina, mamma on täällä". Vessan ahtaasta ovesta alkoi vyöryä ulos tärkättyä rimpsuhametta, samettijakkua ja värikästä kukkahuivia. Huh, millaisiin ristiriitaisiin tunteisiin avuliaisuus voi johtaa! Jos milloin niin tällaisissa tilanteissa oli vaikea löytää tasapaino auttamisen halun ja liikkeen maineen säilyttämisen välillä.

Scillan perustamisesta oli kulunut kaksi vuotta. Toinen vuosi oli taloudellisessa mielessä ollut positiivisempi kuin ensimmäinen. Liike oli tunnetumpi kuin aikaisemmin. Värianalyysi-iltoja pidettiin, kabinetti-illat kokosivat ystävät yhteen sovittelemaan muotiuutuuksia ja lehtimainonta oli huomattu. Kaikki nämä näkyivät myös yrityksen tuloksessa.

KEVÄT 1987, PARIISIN MUOTIMESSUT

Ensimmäinen messumatka Pariisiin huolestutti, koska en osannut yhtään ranskaa. En myöskään tuntenut Pariisia enkä edes tiennyt, missä messukeskus sijaitsee. Koska messuille oli menossa muitakin suomalaisia, uskoin saavani heiltä tarpeellista opastusta.

Pieni hotelli oli keskustassa Madeleine-kirkon vieressä. Olin saanut Tekstiilikauppiaiden liitosta osallistujien nimilistan ja ottanut yhteyttä yhteen heistä. Hän oli huonetoverini. Vahinko vain, että hänellä oli Pariisissa suomalainen tuttava, jonka kanssa hän halusi liikkua kaupungilla. Sain kuitenkin tiedon, missä messukeskus on ja että sinne pääsee metrolla.

Ensi kertaa elämässäni opettelin käyttämään metroa, sillä Helsingin vuonna 1982 avattuun metroon en ollut tutustunut. Ohjekartta oli selkeä. Kun hahmotti, minne oli menossa, päämäärä kyllä löytyi. Metrossa oli hauska tunnelma, kun sekä metrotunnelissa että sisällä oli aina soittoniekkoja keräämässä ruokarahaa itselleen. Metroasemat olivat siistejä, jopa ylellisiä, kuten Louvren asema. Taskuvarkaita liikkui kaikkialla. Metron ahtailla käytävillä tungoksessa oli helppo menettää kukkaronsa erityisen taitaville ryöstäjille. Ei tiennyt, milloin se tapahtui ja miten. Käsilaukku riippui olkapäällä kuten ennenkin ja kaikki vetoketjut ja nepparit olivat kiinni. Vain kukkaro oli kadonnut. Tämän koki myöhemmin sisareni Ulla ensimmäisellä Pariisin matkallaan. Se oli suurkaupungin arkipäivän pimeä puoli.

Persoonallisesti pukeutuneita matkustajia oli hauska seurailla metrossa, vaikka siellä tietysti huomasi, ettei kaikilla mennyt hyvin. Joku vanha mies oli pukenut tumman takkinsa päälle värikkään kaulahuivin ja heittänyt sen toisen pään huolettomasti olkapään yli. Niin vanhat kuin nuoretkin saivat pienen pienillä yksityiskohdilla asuunsa tyylikkyyttä. Pariisilaisilla rouvilla kopisivat kivisillä kaduilla aidot ranskalaiset korot samalla kun he retuuttivat söpöä pientä koiraa kainalossaan. Skootterimiehet keräsivät jonkinlaisella kauhalla koirankakkoja kadulta.

Messumatkoilla Pariisissa seurasin aina naisten katupukeutumista. Näytti siltä, että kun joku tietty muotijuttu oli menossa, se oli ehdottomasti oltava kaikkien päällä. Se saattoi olla merimiestakki, tietty hamemalli, sukkahousujen väri tai hattu. Eräänä vuonna muodista oli kerta kaikkiaan pois aito turkis. Sellainen minulla juuri oli, ihan tyylikäs lyhyt minkkiturkki tarkoitettuna helmikuun viileään säähän. Kaikkialla sain turkkiin kohdistuneita murhaavia katseita – kadulla, metrossa, ravintolassa, kaupoissa. Kolmantena päivänä en enää kestänyt. Ostin värikkään teddyturkin 100 % akryyliä.

Kaupoissa kiertely, mikä nautinto! Olkatoppaukset olivat suurta muotia. Eräässä putiikissa suorastaan rakastuin pellavan väriseen gobeliinijakkuun. Sen olkapäät olivat mahtavat. Kun viimeisenä messuiltana yritin tunkea jakun matkalaukkuun, totesin, että kahden tiiliskiven kokoiset toppaukset eivät mahtuneet sinne. Jakku oli puettava akryyliteddytakin alle kotimatkalle. Lentokoneessa tuli ongelma. Istuin keskimmäisellä paikalla. Vieressäni istuneen pienen ranskalaisen miehen oli oltava koko matkan ajan käytävään päin kallellaan, sillä mahtavat toppaukseni veivät osan hänen tuolistaan.

En ole koskaan rakastanut mitään vaatetta niin kuin tätä gobeliinijakkua. Välillä ajattelin myydä sen ja pistin myyntitankoon, mutta kauhistuin, jos joku sovitti sitä. Älä osta, älä osta, hoin mielessäni, en kestä, jos jakku nyt menee. Lopulta en pystynyt luopumaan siitä. Pidin jakun itse. Voidakseni käyttää sitä poistin olkapäiltä toiset toppaukset.

Pariisin messut olivat yhtä valtavat kuin Saksassa. Valokuvaaminen oli ehdottomasti kielletty. Kun en sitä aina muistanut, jouduin kerran vartijan passittamana ulos messuilta ja sisäänkäynti oli suoritettava toiseen kertaan.

Olo Pariisissa oli kuin pumpulissa. Kaikki puhuivat kieltä, mistä en mitään ymmärtänyt. Kohteliaasti sanottiin "Pardon, madame", jos joku sattui tönäisemään tai vaikkapa vain hipaisemaan. Ranskalaisia sanotaan töykeiksi. En todellakaan havainnut sitä, kun en puheesta mitään ymmärtänyt. Asiakaspalvelu kaupoissa ja ravintolassa oli aivan ystävällistä.

Toimin samalla kaavalla kuin Saksassa, aloitin kiertämisen näytteille asetettujen mallistojen osastoilla. Näin ihania neulevaatteita syksyksi ja uskaltauduin tilaamaan niitä. Le Gaillard ja Vava-neuleet olivat Suomessa jotain uutta – rohkeasti värejä ja romanttisia kukkia. Varovainen budjettini olisi pitänyt suurentaa kaksinkertaiseksi, sillä neuleet menivät hyvin kaupaksi. Lisää ei voinut tilata.

Le Gaillardin neule.

Pariisin kevään muotia olivat suurikauluksiset kukkapuserot. Kaulus muistutti merimieskaulusta ja jakun päälle käännettynä se vaikutti suurelta huivilta. Puserot olivat naisellisia ja ehdottomia menestyksiä keväisten jakkupukujen kanssa.

Tapasin hotellissa kaksi turistimatkalla ollutta suomalaista neitosta. Päätimme lähteä katsomaan Pariisin iltaelämää. Sanomalehdessä oli maininta naisten tanssi-illasta. Parhaisiin pukeutuneina löysimme paikan syrjäkadulta ja koputimme ovessa olleeseen luukkuun. Se avattiin. Meitä katseli luukusta mustatukkainen mies, joka kuultuaan asiamme totesi: "Tämä tilaisuus on tarkoitettu naisille" ja löi luukun kiinni. Mitä ihmettä, mehän olimme naisia. Mikä meissä oli vikana? Ymmärsimme lopulta, että meillä ei ollut korkokenkiä, kiiltäviä minimekkoja, strassisulkahattuja eikä säihkyviä glitterkoruja. Meikkikään ei ollut tarpeeksi hohdokas. Olimme liian tavallisia suomalaisia naisia – emme tällaisina kelvanneet pariisilaiseen iltaelämään.

Hotelliin ilmestyi suomalainen Pariisissa asuva nainen tiedustellen, haluaisimmeko hänen opastamanaan lähteä käymään Louvressa. Museo on valtava eikä aikaa tutustumiseen ollut paljon. Katsoimme siellä tärkeimpien taiteilijoiden työt – niistä kuuluisin oli tietenkin Mona Lisa. Taulu oli odotettua pienempi. Hänen arvoituksellinen hymynsä erottui silti lasivitriinin läpi.

Ruokailu Pariisissa oli ranskaa ymmärtämättömälle arvoitus. Seinen vasemman rannan pikku ravintoloissa ruokalista oli kirjoitettu ranskaksi. Kun tilasin valmiiksi laaditun menun, en tiennyt, mitä sain. Ruoka oli aina hyvää. Lasku kirjoitettiin pöytäliinana toimineeseen suureen paperiin. Sen voi ottaa tositteena mukaansa tarkalle kirjanpitäjälle, jos kassissa oli tilaa. Paras ruoka oli "läskin alla paistettu ankanrinta" – arveluttavasta nimestä huolimatta todella herkullista.

Ajatellessani viime vuosien lehtiotsikoita Pariisista, huomaan, että mikään ei ole muuttunut. Vuosina 2015–2016 on tapahtunut monia pommiattentaatteja niin Pariisissa kuin sen ulkopuolellakin. Myös syksyllä 1986 Pariisissa elettiin pelon ilmapiirissä. Hizbollah-islamistiryhmän järjestämä pommi-iskujen sarja oli pelästyttänyt ranskalaiset. Viimeisimmästä iskuista oli kulunut puoli vuotta, mutta edelleen kaikissa tavarataloissa ja ravintoloissa tarkastettiin henkilöpaperit. Ilmapiiri oli jännittynyt ja tuntui, että ihmiset olivat koko ajan varuillaan. Pompidou-keskuksen edessä seurasin poliiseja, jotka vartioivat aitaa vasten nojaavaa polkupyörää. Sen tavaratelineelle oli jätetty outo paketti. Tarkoitus lienee ollut odottaa pommin purkajaa.

Messujen viimeisenä päivänä menin katsomaan Galeries Lafayette -tavaratalon ilmaista muotinäytöstä. Esitys oli ylimmän kerroksen tyylikkäästi sisustetussa salongissa. Mannekiinien asujen elegantit värit, mallit ja ranskalainen suunnittelu oli kaunista katseltavaa, mutta liian hienoa ja kallista tavallisen pikkuputiikin asiakkaille.

MUOTINÄYTÖS SUOMALAISEEN TYYLIIN

Uusien kevätasujen tultua myymälään mietin Pariisin inspiroimana ensimmäisen oman muotinäytöksen järjestämistä. Siihen oli yksi ihan konkreettinen este. Myymälän muoto ei sopinut muotinäytökselle. Eerikinkatu 10:n liikkeet olivat pieniä yhden kauppiaan myymälöitä. Scillassa oli kaksi huonetta peräkkäin, niiden välissä pieni eteinen, josta mentiin vessaan. Kadun puolen liiketilaan ei monta katsojaa mahtuisi – kauppiaan asunnoksi tarkoitettu takahuone ei ollut sen suurempi. Ehkä näytös kuitenkin järjestyisi, kun mannekiinit asuja esitellessään kiertäisivät molemmissa huoneissa?

Soitin Roswitha Heikkilälle. Hän oli tunnettu muotialan vaikuttaja, joka oli järjestänyt muotinäytöksiä ja jolla oli tallissaan omat mannekiinit. Sovimme asiasta ja tytöt tulivat sovittamaan vaatteita. En ollut koskaan järjestänyt tämänsuuntaista tapahtumaa enkä tiennyt mainostamisesta mitään. Ajattelin, että riittäisi, kun pistän aamulla oveen ilmoituksen.

Roswitha Heikkilä Scillan myymälässä.

Muotinäytöksen oli määrä alkaa viiden aikaan toimistojen sulkeuduttua. Katsojia tuli kolmisenkymmentä – satunnaisia ohikulkijoita, jotka pistäytyivät sisään nähtyään mainoksen ja havaittuaan myymälässä tapahtuvan jotain kiintoisaa. Kun Roswitha näki myymälän tilat ja aluksi vähälukuisen katsojakunnan, hän totesi: "Minä en häpäise itseäni ryhtymällä juontamaan tällaista tapahtumaa", eikä juontanut. Tunsin hyvin näytösvaatteet. Otin mikin ja selostin materiaalit, alkuperämaat ja kaikki muut tietämäni seikat. Jaoin mannekiineille kukat kiitoksena hienosta esityksestä ja otin heistä kuvan Sex 10:n edessä.

Mannekiinit Sex 10:n edessä.

Muotinäytös myymälässä.

Vaikka Roswitha kieltäytyi juontamasta näytöstä, sain silti kutsun hänen uuden kotinsa avajaisiin. Paikalla oli lehdistöä kuvaamassa kaunista asuntoa ja tunnettuja kutsuvieraita. Mannekiinit Scillan asuissa kiertelivät vieraiden joukossa ja saivat parhaan mahdollisen näytösyleisön. Roswitha esitteli minut Scillan omistajana ja kysyi: "Voisitko kertoa lähemmin kevätmuodin väreistä ja tyylistä?" Täysin valmistautumattomana haastatteluun tokaisin hetken mielijohteesta mikkiin: "En!" ja piste. Kaduin heti. En ollut odottanut, että joutuisin itse esiintymään. Vaikka tietoa pieneen esitelmään olisi ollut, yhtäkkinen tilanne lamaannutti. Läsnä olisi ollut loistava kohdeyleisö mainostamaan ostoksillaan uutta putiikkia ja siellä myytäviä merkkivaatteita. Hyvä tilaisuus meni ohi. Paikalla olleita vieraita ei tämän jälkeen tainnut kiinnostaa tulla tutustumaan Scillaan.

Myöhemmin Scillan asuja oli esillä satunnaisesti muotinäytöksissä, joita järjestettiin mm. tasokkaissa ravintoloissa, jotka halusivat lisää nimeä itselleen. Osallistumismaksua vastaan toimitin kuutisen asukokonaisuutta yritykselle, joka pestasi mallit ja varasi tilat – samoin toimivat muut vaateliikkeet, jotka halusivat esitellä mallistojaan. Näytöksistä ilmoitettiin lehdissä. Tunnettu juontaja, esim. seurapiirijulkkis, veti väkeä paikalle. Osallistuin

Ravintola-aulan muotinäytöstunnelmaa.

näihin muotinäytöksiin katsojana, mikä oli kiva tapa saada tuntumaa miten Scillan vaatteet vertautuvat kilpailijoihin. Se oli helppoa mainostamista, joskin kallista.

Kerran jouduin pettymään. Muotinäytös järjestettiin rautatieaseman yläkerran ravintolassa, jonka johtaja oli delegoinut järjestelytehtävät sihteerilleen. Alkujärjestelyt ja muotinäytös sujuivat hyvin. Tuttavani, toinen vaateputiikin pitäjä, soitti muutaman päivän kuluttua ja kysyi olinko saanut kaikki näytösvaatteet takaisin? Olin saanut, mutta ilmeni, että moni muu ei ollut. Syypääksi paljastui yrityksen sihteeri, joka oli myynyt vaatteita eteenpäin omaan laskuunsa. Hän sai luonnollisesti potkut. Tuon tapauksen jälkeen osallistuin vastaaviin muotinäytöksiin harvoin – vain luotettujen suurten toimistojen kautta, jos silloinkaan.

KEVÄT 1987 PYYHKÄISEE VAATE-ESITTELYT KADULTA

Kevätaurinko alkoi pilkahdella talojen ikkunoihin. Huhtikuussa siirsin taas rekin kadulle ja ripustin siihen esille värikästä uutta muotia. Ilo tosin oli lyhytaikaista. Edellisinä kesinä vaatteita sai rauhassa esitellä näyteikkunan edessä olleessa rekissä, mutta nyt sitä ei enää sallittu. Jämerä konstaapeli tuli ilmoittamaan, että jos rekkiä ei siirretä pois kadulta, tästä huliganismista seuraa sakkorangaistus. Vaatimuksen perustelu oli se, että näkövammaiset saattavat niihin kompastua. Helsingissä katuesittelyitä ei ollut missään toisin kuin Tukholmassa, Kööpenhaminassa ja monessa muussa suurkaupungissa. Ihmekös tuo! Poliisi katsoi velvollisuudekseen poistaa kaduilta kaikki häiritsevät ja vaaralliset ainekset.

Olin ainoa mainoslupaa hakenut liike Eerikinkadulla. Anomus tuli bumerangina takaisin. Syynä oli vakiintunut käytäntö, että kiinteistölautakunta kysyi ensin lupaa poliisilta ja poliisin vastaus oli aina "ei". Poliisipäällikkö kutsui meidät putiikinpitäjät puhutteluun. Tapaamisen tulos oli täystyrmäys.

Tähtihetkeni Iltasanomissa (artikkelit 1987 ja 1989 löytyvät tämän kirjan lopusta s. 60).

Iltasanomat otti yhteyttä kuultuaan katumainoskiistasta. He halusivat tulla haastattelemaan ja kuvaamaan kiistan aiheuttajaa eli näyteikkunan edessä seisovaa rekkiä värikkäine vaatteineen. Koko sivun juttu ja kuvat lehdessä valottivat asiaa:

"Vuosi sitten myyntitelineet Eerikinkadulla toivat katukuvaan virkistävää mannermaista tunnelmaa ja piristivät kesäisin harmaata kaupunkikuvaa. Liikkeenharjoittajat ovat käyneet kiivaan taistelun oikeudestaan katumainontaan, sillä poliisi on suhtautunut asiaan kielteisesti. Miksi ostaa kalliita tilateoksia, kun putiikit tekevät alati muuttuvaa tilataidetta ilmaiseksi."

Ja Iltasanomat jatkoi:

"Jyrkkä ei holhoukselle! Pahemmanlaatuista pykälien kiertämistä, kun parturiliikkeen myyjät istuskelevat kadulle tuoduilla tuoleillaan ja mainostavat liikkeensä töitä häikäilemättömän avoimesti."

Lehdessä oli kuva vaatetelineestä ja sitä lähestyvästä mummosta. Teksti kuvan alla: "Vammaisia ja raajarikkoja väsymättä vaaniva mainosteline valmiina toimintaan."

Saimme lehtikirjoittelun kautta sympatiaa, mutta ylimääräinen huomio oli nopeasti ohi.

Pidimme lähistön pikkuputiikkien kanssa neuvottelun ja päätimme yrittää seuraavana vuonna uudestaan. Keväällä 1988 laadimme uuden anomuksen kiinteistölautakunnalle. Liitimme mukaan piirroksen kadusta ja lähiputiikeista. Kiinnitimme huomiota siihen, että koska liikkeiden ovet olivat myymälän aukioloaikoina aina avoinna, eivät rekit ovien takana vieneet kadulla sen enempää tilaa kuin auki oleva ovi. Kaupustelusta kadulla ei ollut kysymys. Sillä kertaa kiinteistöviraston toimituspäällikkö Tapio Sademies puolsi anomustamme, niinpä se hyväksyttiin. Kiinteistölautakunta muutti käytäntöä eikä sen jälkeen kysynyt poliisin mielipidettä.

Hurraa! Yksi pieni sota oli voitettu. Scilla oli viivytystaistelun jälkeen saatu "maailmankartalle". Iltasanomien uusi näyttävä juttu toi kiinnostuneita asiakkaita tutustumaan Eerikinkadun kauppoihin. Putiikkien edustat loistivat taas värikylläisinä pukineista, kukista ja postikorteista ja eteiset ruuhkautuivat ostonhaluisten ihmisten intoutuessa kaupankäyntiin.

Haluatko pukeutua yksilöllisen tyylikkäästi kevään juhliin?

Kävelypuvut, ihanat kukkavaatteet, silkkihameet ja -puserot, korut, huivit Italiasta — kaikki kevään muodikkaissa sävyissä.
Tyylikästä. Persoonallisista. Laadukasta.
Juuri Sinulle.

Tule sovittamaan!

Persoonallisen muodin ykköspaikka.

SCILLA

EERIKINKATU 10
PUHELIN 90-603 619
10–18, to 10–17, la 10–14

Sommittelin lehtimainokset mainostoimistolle, joka viimeisteli ne Hesariin. Käytin usein ihmisen päähän, vartaloon tai käteen katkeavaa kehystä. Joskus kävi niin, että graafinen suunnittelija ei tajunnut ideaa ja rajasi kuvan väärin – seuraavan päivän lehdessä mallin käsi oli leikattu poikki.

Scillan pikkumainokset Helsingin Sanomissa huomattiin. Hämmästyin eräänä aamuna, kun liikkeen eteen alkoi muodostua jono ihmisistä, joilla oli kädessään meidän mainoksemme. Siinä oli kuvattu kaksiosainen ohuesta kankaasta valmistettu sininen juhlapuku, jossa oli laajat hihat ja laskokset lantiolla. En ollut arvannut niin suurta ryntäystä. Puvut oli pian loppuunmyyty eikä lisää enää saatu. Suunnittelija oli suomalainen Ritva Falla. Pidin kovasti hänen suunnittelemistaan asuista ja ajattelin, että siitä lähtien pelkästään Ritva Fallan vaatteita myymällä tulevaisuus olisi turvattu. Unelmaa ei kestänyt kauan. Hän vaihtoi yritystä ja katosi näkyvistä. Ritva Falla oli siihen aikaan aika tuntematon suunnittelija. Vähitellen hänen nimensä tuli tunnetuksi lehtien mainoksista ja yrityksistä, joille hän suunnitteli. Ritva Falla on yhä ajankohtainen. Kesällä 2016 hän avasi uuden tyylikkään liikkeen Helsingissä Korkeavuorenkadulla.

Nuorekas, muodikas
ja naisellinen

*Kukka-
mekko*

Kesän juhlatilaisuuksiin.
Paljon malleja ja värejä.

Tule katsomaan!

SCILLA

EERIKINKATU 10
SF-00100 HELSINKI
PUHELIN 90-603 619
10–18, to 10–17, la 10–14

Kukkamekko Scillan mainoksessa.

Scillan myynnissä olevat vaatteet olivat enimmäkseen suomalaisia merkkejä kuten naisellinen Jil´s, sporttisempi J.A.P., Andiata, CECI by Turo ja Creato Irja Leimu. Trikoomallisto Flamant oli uusi kotimainen merkki – värikäs ja hauska mallisto. Muotiin olivat tulleet kuntosalit ja aerobic. Joustavia vaatteita kysyttiin enemmän kuin ennen. Elastaania alettiin käyttää alusvaatteiden ja uima-asujen lisäksi myös tanssiaismuodin siivittämänä vaatekankaissa ja -neuloksissa.

Saksasta ja Ruotsista tilatut kukkaleningit tulivat myyntiin. Muistan ensimmäiset kommentit kukkavaatteista: niitä ei kannata ostaa, koska ne kuitenkin menevät pian pois muodista. Miten kävi? Kukat eivät ole kolmessakymmenessä vuodessa poistuneet pukeutumisesta – eivät vaatteista, eivät huiveista eivätkä hatuista. Laukkuihinkin ne ovat eksyneet.

TOIMIVA VAATEKAAPPI

Tekstiilikauppiaiden liitto oli kehittänyt 1987 mainoskampanjan nimellä
"Toimiva vaatekaappi". Juuri saman lausekkeen olin rekisteröinyt Scillan
mainostekstiksi myymälän aloittaessa toimintansa.

Tämä mainoslause oli kuin Scillalle tehty. Sen lisäksi konttorissa odotti
aito vanha vaatekaappi tähän tarkoitukseen. Kaappiin liittyy oma tarinansa.

Tätini Aini Farago (s. 1900) asui lapsuutensa Karjalassa Suojärvellä.
Koko perhe muutti 1920-luvulla Helsinkiin ja toi Pietarissa valmistetun ko-
risteellisen vaatekaapin uuteen kotiin Tunturikadulle. Aini opiskeli Helsin-
gin Yliopistossa suomalais-ugrilaisia kieliä ja jatkaessaan opiskelua Unka-
rissa tapasi siellä Josef Faragon, rakastui ja meni naimisiin. He eivät saaneet
omia lapsia mutta adoptoivat pojan.

Unkarin kansannousu muutti Ainin elämän syksyllä 1956. Työläisten ja
opiskelijoiden mielenosoituksesta alkanut kapina laajeni veriseksi kansan-
nousuksi. Sattumalta Ainilla oli valmiina viisumi, jonka avulla hän palasi
heti Suomeen laihtuneena ja huonoissa vaatteissa. Ainin poika pakeni tu-
hansien muiden lailla Unkarista päätyen Kanadaan. Miestään Josefia Aini
joutui odottamaan muutamia vuosia, sillä Unkari kielsi maasta poistumi-
sen ennen eläkeikää.

Ainin täytettyä 85 vuotta hänen poikansa haki hänet luokseen Kana-
daan. Josef oli kuollut yhdeksän vuotta aiemmin. Kuultuani muuttosuunni-
telmista ostin häneltä muutamia tauluja ja sohvakaluston kotiini. Katselin
myös asunnossa olevaa kaunista vaatekaappia, mutta se ei olisi mahtunut
asuntooni.

Ainin jo muutettua Kanadaan sain tiedon, että loput asuntoon jätetyistä
tavaroista viedään kaatopaikalle. Pyysimme serkkuni Helenan kanssa ta-
lonmiestä avaamaan oven. Löysimme aarteita: käsitöinä tehtyjä pitsiliinoja,
kudottuja pellavapyyhkeitä, sohvatyynyjä – sekä Pietarissa valmistetun
leikkauksin koristetun vaatekaapin – sen saman, joka oli 1920-luvulla tuotu
Karjalasta. Tilasin seuraavaksi päiväksi kuljetuksen. Näin Scilla sai hienon
talonpoikaisantiikkisen huonekalun.

Toimiva vaatekaappi -kampanjaa varten nostimme vaatekaapin myymä-
lään. Kampanjan tarkoituksena oli havainnollistaa toimivan vaatekaapin
ideaa: Sopivatko eri asut yhteen? Sointuvatko vaatteiden värit keskenään?
Osaatko pukeutua oikein kulloisenkin tilanteen mukaan?

Konttoripäällikkö Marjatan vaatekaappi.

Omille tutuille asiakkaille loimme kaappiin malliksi erilaisia asukoko-
naisuuksia – oli sihteeri Liisan työasu, konttoripäällikkö Marjatan jakku-
puku huiveineen. Esittelystä saivat inspiraatiota ne, joilla oli juuri tämän-
tyyppinen ongelma ja saivat mukaansa kampanjaan kuuluvan pukeutumis-
oppaan. Talvea kohden muutimme esittelyasut lämpimämmiksi. Esillä oli
pitkähihaisia pooloja, villatakkeja ja ihania ranskalaisia neuleita. Myös Wil-
lanan laadukkaat neuleet toivat suomalaista suunnittelua mallistoon. Hou-
suhame ja suuri italialainen villahuivi kuuluivat mukaan talven viimoihin.

Eräs asiakas kertoi tilanteesta, johon oli joutunut. Hän työskenteli mainostoimistossa. Työasu oli vapaa, joten hänellä se oli aina farkut ja collegepaita. Omassa vaatekaapissaan hänellä ei ollut muunlaisia vaatteita, koska hän ei ollut kiinnostunut pukeutumisesta eikä katsonut koskaan tarvitsevansa mitään hienompaa menovaatetta. Yritys lähetti hänet edustajanaan ulkomaisille messuille. Siellä järjestettiin tervetuliaistilaisuuksia ja muita iltatapaamisia. Neitosella oli mukanaan ainoastaan päällä olleet farkut ja college, joissa hän osallistui kaikkiin tilaisuuksiin. Muut olivat pukeutuneet juhlavasti. "Kyllä nolotti", hän kertoi ja löysi vaatekaapista asusteen seuraavalle messumatkalle.

Vaatekaappi-ideoita tuli katselemaan tuttu asiakkaamme, luterilainen seurakuntalehtori, joka tarvitsi tummaa pukua kastetilaisuuteen. Hänestä tuli myöhemmin Suomessa tienraivaaja, sillä kun vuonna 1988 nainen voitiin ensimmäisen kerran vihkiä evankelis-luterilaisen kirkon papiksi, hän otti vihkimyksen yhtenä 94:stä naisteologista. Kirkon virkaa hän ei kuitenkaan halunnut – mieluummin hän kastoi, vihki avioliittoon ja hoiti seurakunnan muita tehtäviä ilman virkanimitystä. Elävä yhteys seurakuntalaisiin oli tärkein. Vaikka kastetilaisuuteen sopivaa leninkiä ei tällä kertaa löytynyt, hän uudisti huivilla entisen tumman pukunsa.

Syksyllä 1987 jouduin olemaan kaksi viikkoa pois töistä silmäluomileikkauksen takia. Sisareni Ulla ehti apuun. Hän on minua 7 vuotta nuorempi. Ulla vaihteli yhtenään hiusten väriä ja tällä kertaa hänellä oli pikimusta lyhyt tukka. Vaikka emme muistuta ollenkaan toisiamme, hämmästyi eräs tuttu asiakas sisään tullessaan, löi kätensä yhteen ja huudahti: "Mikä täydellinen muodonmuutos!"

Scillan kolmas toimintavuosi oli lopuillaan. Jos olin liikkeen aloittaessani aavistellut Eerikinkadun jäävän Fredrikinkadun suosittujen muotikauppojen varjoon, viimeistään nyt pidin pelkoa turhana. Fredrikinkatu oli toki yhä suosittu, mutta niin oli myös marraskuussa 1985 valmistunut Forumin kauppakeskus. Eerikinkatu oli niiden välinen kulkureitti, mikä toi muodista kiinnostuneita asiakkaita aivan mainostamatta myös Scillan näyteikkunan eteen. Eerikinkatu oli siis oikea sijainti.

Scillan kolmas toimintavuosi päättyi ja neljäs oli lähtenyt liikkeelle iloisissa merkeissä. Myyntiluvut olivat nousussa ja helpottivat pakollisista menoista selviämistä. Yrittäjän arki oli kääntynyt positiivisiin näkymiin.

KEVÄT 1988 – UUSI MUOTI HERÄTTÄÄ TUNTEITA

Värikylläinen kevät oli aina talven jälkeen iloinen asia. Pellavasta valmistetut asut olivat lisääntyvässä määrin tulossa muotiin, vaikka alituisesti valitettiinkin niiden rypistymisestä. Suomalaiselta valmistajalta oli myynnissä erittäin elegantti pellavapuku. Mutta se rypistyminen, sitä eivät kaikki kestäneet. Tyylikäs rouva osti puvun, mutta toi sen seuraavana päivänä takaisin. Hänen miehensä mielipide oli: "En halua nähdä sinua noin ryppyisessä vaatteessa." Tuli mieleen, miten mahtaa käydä avioliiton, kun rouva itse rypistyy. Tai herra?

Suomalaiselta Flamantilta tuli pirteitä keltaisia trikooasuja. Mallistoon kuului mekkoja, t-paitoja, hameita ja housuja. Nuorehko mies tuli katselemaan niitä ja tiedusteli, voisiko hän sovittaa. En periaatteessa antanut miesten kokeilla naisten vaatteita. Olisi saattanut tulla epämiellyttävä tilanne, jos naapurikopissa olisi ollut samanaikaisesti naissovittaja. Koska oli hiljainen aika päivästä, annoin tällä kertaa luvan mennä kokeilemaan. Sovituskopit olivat myymälän takimmaisessa huoneessa. Yllätyin, kun mennessäni tiedustelemaan vaatteiden sopivuutta, huomasin hänen riisuneen kaikki omat vaatteensa ja esittelevän itseään pelkissä Flamantin trikoohousuissa keikistellen. Sanomattakin oli selvää, että hänen "varustuksensa" olivat hyvin nähtävissä – se lienee ollut tarkoituskin? En jäänyt ihailemaan. Kaveri maksoi housut ja poistettiin myymälästä pikavauhtia.

Joskus kävi niinkin, että kesäistä kukkamekkoa sovittamaan tuli pitkä harteikas rouva. Kun kurkistin sovituskoppiin kysyäkseni mekon sopivuutta, saatoin huomata rouvan karvaiset sääret ja lihaksikkaat käsivarret. Hän oli kuitenkin tullut sovittamaan asua naisena ja muu oli vain minun tulkintaani. Asia oli kunnossa.

Hermostunut rouva etsi kukkapuseroa pääsiäisen alla. Hän löysi sopivan ja kutsui vihaisen näköisen miehensä näyteikkunan edestä sisälle. Alkoi kerjääminen: Voi rakas, jos ostat minulle tämän puseron, teen sinulle pääsiäiseksi lempiruokaasi. Paistan niitä herkkuja, joista sinä niin pidät. Voisitko rakas maksaa tämän, niin valmistaisin sinulle herkullisen pääsiäisen?

Vihainen mies maksoi ja poistui synkkänä kadulle. Rouvan puolesta toivoin, että pääsiäislammas ei kärähtänyt uunissa, pikkuleivät eivät palaneet eikä pääsiäismunien maalaaminen aiheuttanut katastrofia. Jos näin kävisi, voisin kuvitella, että mies entistä vihaisempana saattaisi pääsiäisen jälkeen ilmestyä palauttamaan puseron ja vaatimaan rahoja takaisin.

Minusta tuntui, että noin kireän ja vihaisenoloisen miehen saisi uusiin ajatuksiin viemällä hänet tanssimaan. Humppaa hänelle ei kannattaisi opettaa, sillä humppavillityksen hiivuttua Suomessa Lappeenrannan Humppafestivaalit olivat päättyneet 1980-luvun lopussa. Entäpä tango? Seinäjoen Tangomarkkinat tulivat humpan tilalle 1985, jolloin ensimmäiseksi tangokuninkaaksi valittiin Kauko Simonen. Vuonna 1987 valittiin ensimmäisen kerran myös tangokuningatar. Hän oli Arja Sipola, joka tunteilee laulussaan "Rakkauden kaipuu" näin:

> Aina voi alkaa uudestaan, kaiken vois tehdä toisinkin,
> mut silloin tunnen sielussain jotakin puuttuu.
> Oikein on toistaan rakastaa, etsiä onnen kultamaa,
> mut väärin on, jos sydämein vieraaksi muuttuu.

Olisiko siinä ajateltavaa vihaiselle miehelle, mikäli olisi päätynyt Tangomarkkinoille? Ja mikäli olisi ymmärtänyt mitään laulun sanoista?

SUUREMPIA KOKOJA TILATTAVA!

Kevään Scilla-kabinetti-illat olivat suositumpia kuin talvikabinetit. Kun meille ilmoitettiin vain ryhmän osanottajien lukumäärä, emme tienneet etukäteen, minkä kokoisia osallistujat olivat. Muutaman kerran sattui niin, että suurin osa ryhmästä oli kokoa 44 käyttäviä asiakkaita. Oma kokoni oli 38–40, enkä ollut ymmärtänyt tilata kokoa 42 suurempia vaatteita.

Ryhmäläiset katselivat kiinnostuneina malleja, mutta minkäs teet – heidän omaa kokoaan ei ollut eikä illan päätarkoituksesta eli sovituksesta tullut mitään. Toisaalta näytti siltä, että koska sovituskoppeja oli vain kaksi, he eivät halunneet näyttäytyä alusvaatteisillaan muille osallistujille. Kenties ryhmä oli koottu työtovereista tai vieraammista henkilöistä, jolloin riisuutuminen koettiin liian intiiminä?

Joka tapauksessa otin opikseni. Seuraavilla muotimessuilla tilasin suurempia kokoja.

KEVÄT 1989 – MESSUMATKAT ANTAVAT VIRIKKEITÄ

Samalla kun matkustin kevään messumatkalle Düsseldorfiin, juhlin myös mielessäni putiikkini neljättä syntymäpäivää. Olin onnellinen näistä itsenäisistä vuosista yrittäjänä. Liikevaihto oli noussut, asiakasmäärät kasvaneet ja laskut, verot, vuokrat ja muut juoksevat kulut oli hoidettu ajallaan. Yrittäjän oma palkka oli valitettavasti viimeisenä jonossa ja rahaa siihen olisi toivonut jäävän enemmän. Tähän olin kuitenkin jo etukäteen varautunut.

Düsseldorfin ja Pariisin messut eivät olleet yksinomaan työtä vaan myös virkistystä. Lukuisien messujen ympärillä tapaamieni ihmisten välittämä innostus ja uusien muotitrendien omaksuminen antoivat suuntaa tulevan sesongin vaatesuunnittelulle.

Mallistoissa oli usein joku pieni muotijuttu, jolla voi osoittaa olevansa ajan hengessä mukana. Sellainen oli päässä pidettävä samettinen, kukallinen tai monivärinen kangaspanta. Kankaan sisällä oli rautalanka, jonka avulla panta kierrettiin edestä turbaanin malliseksi. Värejä oli niin paljon, että jokainen löysi asuunsa uuden muodikkaan lisäefektin.

Yksi kiva uutuus oli messuilla esitelty suuri jakun kaulukseen kiinnitettävä ruusu. Sen läpimitta oli noin kymmenen senttiä ja värimahdollisuuksia runsaasti. Kun sellaisia ruusuja laittoi kaksi jakun kaulukseen, muuttui arkikin juhlavaksi.

Koruja oli hauska ostaa myyntiin. Ne olivat täysin erilaisia kuin Suomessa myytävät: maalattuja puisia korvakoruja, käsikoruja, vitjoja, värikkäitä helmiä. Koska pommiattentaattien takia tulli oli varuillaan, joutui matkalaukkuni tarkastukseen. Läpivalaisussa näytti, kuin sisällä olisi ollut huumepillereitä pusseissa. Tarkastaja sai todistaa, että laukku sisälsi vaarattomia koruja.

Farkkumuoti oli silloin pinnalla ja on yhä. Tärkeätä on värisävy. Kun Scillan ensimmäisessä (ja ainoassa) muotinäytöksessä oli tummia farkkuasuja, ei väri ollutkaan Suomessa oikea. Väriä oudoksuttiin eikä ostettu. Kangaskin tuntui liian kovalta. Kivipesu muutti värin ja pehmensi kankaan, jonka jälkeen myynti sujui. Seuraavilla Saksan messuilla tunsin olevani kerrankin huippumuodikas, kun sekä hame että jakku olivat farkkukangasta. Kun kiinnitin lisäksi suuren ruusun rintaan, niin kelpasipa siinä astella messukäytävillä.

Muotinäytös messuosastolla esittelee tulevaa syysmuotia.

Asuin messujen aikana keskustan hotellissa. Aamupalalle kokoontunut messuväki oli pukeutunut huippumerkkien vaatteisiin – rouvilla tyylikkäät housuasut, kengät ja käsilaukut nahkaa, korut kalliin näköisiä – eikä herrojenkaan pukeutumista voinut moittia. Puvut olivat villaa, solmiot silkkiä, kalliit sormukset ja kellot täydensivät tyyliä, hiukset hienosti leikattu. Toisin kuin suomalaisilla miehillä kengät oli lankattu kiiltäviksi. Sen yhden kerran farkkuasussa poikkesin hotellin aamutyylistä – palasin seuraavana aamuna housuasuun, joskin oma merkkini oli kaukana Diorista tai Chanelista.

Rakastin messumatkoja. Kun messujen sisäänpääsymuodollisuudet oli ohitettu, heti ensimmäiseen näyttelyhalliin astuttuani tunsin tulleeni – en ehkä paratiisiin, mutta kuitenkin uuteen ihanaan maailmaan. Vaatteita, koruja, laukkuja, huiveja, kaikki kauniisti esille aseteltuina kukka-asetelmien ja kauniiden osastojen ympäröiminä.

Muistin lapsuudesta isäni kyläkauppaan tulleen kiertävän kauppamatkustajan. Hän tuli aika ajoin kierrokselle mukanaan matkalaukku täynnä myyntiartikkeleita. Pikkutyttönä seisoin jännittyneenä konttoripöydän vieressä ihaillen kaikkea, mitä avatusta matkalaukusta paljastui – vaatteita, sukkia, kankaita, lankoja. Nyt ajateltuna valikoima oli suppea. Kauppamatkustajalla oli varmastikin oma piirinsä, jonka myynti kuului hänen vastuulleen. Paljon vitsaillaan kauppatratsuista, mutta heidän työnsä oli epäilemättä vaikeaa maaseudun pienissä ympyröissä.

Nyt "matkalaukun" tarjonta oli tuhatkertainen. Samanlaista ihastusta tuntien kiersin osastoilla katsellen uutta muotia, muodikkaita messukävijöitä, kivoja kahviloita ja kuunnellen musiikkia vauhdittamassa osastojen muotinäytöksiä. Oli tärkeätä pitää ajatukset ja aivot terävinä valitessaan suuresta tarjonnasta muotia, joka sopi juuri omille asiakkaille. Tämä oli minun maailmani.

Suomikin muuttui. Helsingin Perunatorilla Vanhan Ylioppilastalon vieressä tapahtui toukokuussa 1989 jotain erikoista. Tanssija Reijo Kela oli rakentanut sinne suuren lasikopin. Hän vietti sisällä kuusi päivää ja yötä kaikkien ohikulkijoiden töllisteltävänä. Mennessään lasikoppiinsa Kela muuttui Citymaniksi, tragikoomiseksi jupiksi, jonka koti oli yhtä avoin ja yhtä tyhjä kuin Cityman itsekin. Päivisin ihmiset pysähtyivät seuraamaan hänen tanssiesitystään, iltaisin ja öisin paiskoivat pleksiin tyhjiä kaljapulloja. Esityksen tarkoitus: ilostuttaa ja herättää aggressioita. Molemmista tuli palautetta Kelan seisoessa esityksen päätyttyä lasikopin vieressä kadulla ihmisten taputtaessa esityksille. "Olet kova jätkä" oli eräs kommentti.

SYKSY 1989 JA PARIISIN MUOTIMESSUT / KAHVILA MABILLON

Ensimmäisen messupäivän Pariisin messuilla olin ahkerasti kiertänyt kymmeniä käytäviä ristiin rastiin ja saanut tuntuman tulevasta muodista. Väsyneenä olin palaamassa metrolla keskustaan, mutta päätin kuitenkin jäädä pois ennen omaa hotellin lähellä ollutta asemaa. Halusin katsella näyteikkunoita tunnetulla muotikadulla. Messuilla oli esillä seuraavan sesongin kevätmuoti, mutta yhtä tärkeätä oli saada tuntuma ajankohtaisiin syksyn muotiasuihin. Ilmassa oli vähän sateen tihkua, hämärä sai katulamppujen valot loistamaan.

Olin juuri ylittämässä Saint Germain-des-Pres katua, kun huomasin edessäni suuren ikkunan yläpuolella punaisin kiemuraisin kirjaimin: "Au Mabillon".

Mikä yllätys!

Olin 17-vuotiaana lukiolaisena lukenut Satu Waltarin kirjan "Kahvila Mabillon" ja kuvitellut, kuinka nuoret pitkätukkaiset kristussandaaliset eksistentialistit Mabillonin savuisessa sisähuoneessa väittelevät runoudesta, taiteesta ja elämästä. Se oli tärkeä kirja siinä elämäni vaiheessa, jossa kaipasin maalaiskylän ahtaista ympyröistä maailmalle. Pariisi oli unelma ihmisten toisenlaisesta kansainvälisestä kohtaamisesta. Kuvitelmissani olin vaeltanut eksistentialistien kanssa Seinen siltojen yli pikku ravintoloihin ja tavannut taulukauppiaat, kirjojen myyjät, kenkien paikkaajat, lumpunkerääjät, runoilijat ja monenkirjavat muut katujen kulkijat.

Tässä se nyt oli.

Istahdin Mabillonin edessä kadulla olleeseen pyöreään pöytään ja tilasin Kir-cocktailin. Huomasin kauempana kadulla lähestyvän musta-asuisen naisen. Pieni nainen pysähtyi pöytäni viereen, asetti laukkunsa pöydän alle ja otti esille kitaran. Juuri kun ajattelin, että hän muistuttaa erehdyttävästi Edith Piafia, nainen alkoi laulaa Piafin tunnetuksi tekemää laulua "Hymni rakkaudelle".

Illan hämärä muuttui pimeydeksi. Liikenne rullasi kadulla. Ihmiset pysähtyivät kuuntelemaan. Sateen tihku kasteli hiukseni ja edessä olevan pöydän. Katulyhtyjen valo heijastui katukivistä. Sillä hetkellä tajusin: Tämä hetki on elämäni täydellisin elämys.

Kahvila Mabillonin kohtaamisesta oli vaikea palata arkipäivään. Palattava kuitenkin oli. Messupäivät sujuivat tutulla kaavalla – osastoilla kiertelyä ja miettimistä soveltuvatko uudet trendit, värit ja materiaalit Scillan asiakkaille.

Työssäni Scillassa keskityin asiakkaisiin samalla kun juttelimme asioista, jotka koskivat viimeisimpiä elokuvia, uusia matkakohteita tai joskus elämän pieniä vastoinkäymisiä. Keskustelu säästä ja sen vaihteluista oli aina tärkeää. Ikä tuli joskus esille, kun nuorekkaaksi itsensä tunteva asiakas kysyi meiltä, kuinka vanhalta hän meidän mielestämme näyttää. Mitä siihen sanot? Liian suurta lukua ei uskaltanut peliin heittää. Asiakas tietysti ilahtui, kun arvaus meni selvästi nuoremmalle puolelle.

Tärkein asia oli kuitenkin muoti. Millainen se juuri tänä syksynä on? Vartalon kokoa kasvattavat väljät ja leveälinjaiset vaatteet, kirkkaat neonvärit ja logoilla koristellut suuret paidat. Vaikutteita saatiin musiikkimaailman tähdiltä kuten Madonnalta ja Michael Jacksonilta. Englannin prinsessa Diana oli muoti-ikoni. Scillan muoti oli toki hillitympää, osviittana aina nuorekas aikuinen nainen – ei äärimmäisiä muotihullutuksia, sillä ne jäisivät myymättä.

AARREKARTTA LUO UNELMASI TODEKSI

Scillan viidentenä toimintavuotena liikevaihto kasvoi vain hieman. Oli pakko myöntää, että pienestä myymälästä oli sittenkin vaikea ponnistaa parempiin tuloksiin. Vaikka asiakasmäärät olivat kasvaneet, tarvittiin lisää mainontaa, tapahtumia, erikoistarjouksia, muoti-iltoja ja kenties suuremmat tilat, jotta Scilla huomattaisiin paremmin.

Olin kuullut puhuttavan aarrekartan tekemisestä. Löysin tietoa yrityksestä nimeltä Fakta & Fiktio Oy. Kristiina Harju oli kehittänyt hauskan tavan konkretisoida unelmat ja toiveet näkyviksi. Luin kiinnostuneena aiheesta lisää ja tajusin aarrekartan idean. Voisin yrittää tehdä sen itselleni. Liimasin suurelle arkille kuvalehdistä leikattuja kuvia, jotka liittyivät unelmiini. Mitkä konkreettiset toiveet olisivat mahdollisia toteuttaa?

Asuin yhä Vantaalla. Uudenmaankadun vuokrayksiön olin irtisanonut. Unelmoin omasta kaksiosta Helsingin keskustassa – siispä leikkasin asunnon pohjapiirroksen ja liimasin sen ensimmäiseksi kuvaksi karttaani.

Tietokoneita oli vain suurissa yrityksissä. Kirjanpitoaineisto oli kuukausittain viety kirjanpitotoimistoon. Voisinko tehdä työn itse? Asiakaskirjeet olin naputellut yksinkertaisella sähkökirjoituskoneella. Olisihan se helpompi tehdä tietokoneella ja samalla tulostaa asiakkaiden nimet ja osoitteet tarralapuille, josta ne voi liimata kirjekuoriin. Tähän asti olin kirjoittanut osoitteet kirjoituskoneella yksi kerrallaan ja monistanut arkit seuraavaa kertaa varten kopiointiliikkeessä. Leikkasin ja liimasin tietokoneen kuvan ja toivoin sellaisen joskus saavani.

Urheilevan naisen kuvalla toivoin enemmän liikuntaharrastusta ja tietenkin muutaman kilon laihdutusta. Strassein koristettu leninki esitti toivetta kivoista juhlista ja lentokoneen kuvalla toivoin hauskoja lomamatkoja. Viimeisenä toiveena oli nauravan mustapartaisen miehen kuva.

Kristiina Harju alkoi pitää aarrekarttakursseja muutamia vuosia myöhemmin. Ilmoittauduin mukaan. Uudessa kartassa unelmat tulevaisuudesta olivat suunnilleen samat. Mitkä niistä toteutuivat? Ostin ajan oloon uuden asunnon ja hankin tietokoneen heti, kun se oli mahdollista. Tein lomamatkoja ja kivoja juhliakin tuli vastaan. Nauravaa mustapartaista miestä en koskaan löytänyt.

Vieläkö aarrekartassa olisi taikaa, jos etsisin samantapaisen kuvan uudelleen? Kenties ei, mutta tuohon aikaan aarrekartan idea oli minulle tärkeä väline Scillan ja oman elämän laaja-alaisessa edistämisessä.

VAKAAN MARKAN POLITIIKKAA

Vain harva osasi ennakoida vuosia jatkuneen nousukauden päättymisen vuonna 1990, mikä sittemmin johti Suomessa syvään lamaan. Onneksi olin avannut putiikin viittä vuotta aiemmin, jolloin nousukausi oli käynnissä, ja pääsin yritykseni kanssa heti nousukiitoon.

Virheitäkin olin osannut välttää. Pankki oli tarjonnut 1988 Scillalle ulkomaista lainaa kehottaen laajentamaan liiketoimintaa halpakorkoisella rahalla. Vaikka haikailin suurempaa liiketilaa, en uskaltanut lähteä seikkailemaan. Onneksi en uskonut houkutuksia.

Hallitus ja Suomen pankki vannoivat vakaan markan politiikan nimeen. Sen seuraus oli markkamääräisten lainakorkojen äkillinen nousu ennätyskorkeuksiin, kunnes markka devalvoitiin. Ulkomaista luottoa ottaneiden velat kasvoivat. Pankit velkoivat saataviaan, yrityksiä meni konkurssiin ja seurasi valtava työttömyys. Scilla oli vakaalla pohjalla ja säästyi tästä myllerryksestä.

Laman saapumisesta huolimatta Suomi ei sulkeutunut, vaan oli kansainvälisempi kuin ennen. Muistelin syksyllä 1989 Balderin salissa Helsingin Uudenmaankadulla vieraillutta intialaista Pyhää Äitiä Shri Mataji Nirmala Deviä. Olin kuuntelemassa hänen esitelmäänsä, joka kertoi uuden henkisen tason avaamisesta tavalliselle totuutta etsivälle ihmiselle sahaja-joogan avulla. "Elämänpuussa on saattanut tähän mennessä olla vain muutamia kukkia, mutta nyt kukinnan aika on koittanut", hän opetti. Ihmisen henkiseen rakenteeseen liittyvän tiedon soveltaminen arkipäivään vaati opiskelua ja syventymistä. Kävin sitä varten järjestetyillä kursseilla muutaman kerran, mutta havaitsin, että käytännön ihmisenä oppi oli minulle liian korkealentoista. Tämän silti painoin mieleeni:

"Odota positiivisella mielellä toivomaasi ratkaisua – kenties oman elämänpuun kukkimisen aika olisi pian koittamassa."

KESÄ 1991 – KENKÄKAUPASSA ON POISTOMYYNTI

Yleinen lama ja ihmisten toivottomuus tulevaisuuden suhteen näkyi Scillan kuudennen toimintavuoden liiketuloksessa. Myynti ei yltänyt edellisen vuoden tasolle.

Eerikinkadun vastakkaisella puolella huomasin vanhemman pariskunnan pitämän kenkäkaupan ikkunassa kyltin: "Poistomyynti". Korkea liiketila oli kaksi kertaa suurempi kuin oman myymäläni etuhuone. Kävin keskustelemassa omistajien kanssa. Kauppa oli huonosti valaistu, tummat kenkärivit korostivat synkkää vaikutelmaa. Muuten tila oli loistava: suuri näyteikkuna ja tilava myymälä. Takaosassa oli muutama porras ja nousu tasolle, johon voi rakentaa tilan kahdelle sovituskopille ja konttorille. Kapeita portaita noustiin muutama askel ylemmän kerroksen varasto- ja kahvitilaan, jonka ikkunasta oli näköyhteys alakertaan ja näyteikkunan edessä kadulla kulkeviin ihmisiin. Kuvittelin mielessäni vaaleat seinät, suuret peilit ja avaran tilan sovittaa vaatteita.

Kynnysrahojen maksaminen oli jäänyt historiaan. Talouspolitiikka Suomessa oli muuttunut. Jos pankit vielä muutama vuosi sitten tyrkyttivät lainaa, nyt varoiteltiin ryhtymästä mihinkään radikaaleihin toimenpiteisiin.

Olin kuitenkin päätynyt siihen, että ponnisteluista huolimatta myynnin kasvua ei ollut odotettavissa – siihen myymälä oli liian pieni ja näkymätön. Miksi jäädä odottamaan, jos tulevaisuus uudessa liikkeessä voisi olla myönteisempi? Otin haasteen vastaan ja vuokrasin kenkäkaupan tyhjäksi jäävän tilan vakuutusyhtiö Pohjolalta.

Syyskesällä 1991 kenkäliike muutti pois. Pääsimme remontoimaan uutta liiketilaa: seinät maalattiin vaaleiksi, suuret peilit lisäsivät avaruuden vaikutelmaa, uudet sovituskopit rakennettiin. Jukka Karjalainen suunnitteli meille uudet persoonalliset myymäläkalusteet. Seiniä kiersivät tangot, joihin oli helppo ripustaa vaatteita. Pikku hyllyjä oli siellä täällä muotikuvatauluja varten. Katossa spotit ja tyylikäs lamppu valaisivat myymälän. Suuret näyteikkunat ja uudet mallinuket mahdollistivat näyttävien asujen esittelyn.

Oliko nyt tullut se hetki, jolloin elämänpuu oli puhkeamassa kukkaan? Olin onnellinen uudesta liikkeestä. En ajatellut lamaa.

Vanhassa kaupassa järjestettiin loppuale kesämuodin myymättä jääneille vaatteille, jotta pääsisimme aloittamaan uuden elämän uuden syysmuodin parissa.

RANTAJÄTKÄT AUTTAVAT LOPPUSIIVOUKSESSA

Joensuun yhteiskoulussa seitsemännellä eli lukion toisella luokalla oli tapana jäädä luokalle, jotta ylioppilastodistuksen arvosanat vuotta myöhemmin saataisiin paremmiksi. Meitä luokalle jääneitä oli yhdeksän. Olimme kaikki maalta kotoisin ja tulimme aamuisin kouluun junalla, joka saapui Joensuun asemalle kello 7.30. Asemalta kävelimme läpi kaupungin reilun kilometrin matkan koululle. Pihalla jouduimme odottelemaan ovien avaamista ja nojailimme toisinaan koulun seiniin. Rehtori sen nähdessään raivostui ja huusi: "Tehän olette kaikki kuin rantajätkiä". Otimme sen porukkamme nimeksi ja vaikka kouluvuosista on jo 60 vuotta, pidämme yhä toisiimme yhteyttä tällä nimikkeellä.

Kutsuin Rantajätkät Helsinkiin Scillan vanhan myymälän siivoustalkoisiin. Pyyhimme hyllyjä, järjestelimme tavaroita ja kävimme samalla läpi koulumuistoja. Ajattelin tätä rajapyykkinä elämässäni. Yhdessä Rantajätkien kanssa olimme kokeneet kouluajan, nyt heidän kanssa tämän käännekohdan elämässäni. Lakaistessani lattioita lakaisin samalla pois sellaisia asioita, jotka halusin muuttuvan toisenlaisiksi. Yksi niistä oli edellisenä keväänä tapahtunut avioliiton päättyminen. Sopuisa kylläkin, muttei enää pitkään aikaan toimiva yhdessäolo.

Mikä muuttui? Yrityksellä alkoi uusi elämä. Suuremmassa myymälässä oli paljon helpompi tehdä näyttäviä esittelyitä ja kutsua kiinnostavia yrityksiä kertomaan tuotteistaan. Myös asiakassovitusillat sujuivat paremmin väljemmissä tiloissa. Entisen liiketilan näyteikkunoita ei juuri huomattu – nyt ohikulkijat pysähtyivät iltaisinkin katselemaan muotiuutuuksia valaistussa myymälässä.

Uusi osoitteemme oli Eerikinkatu 7. Vastapäätä kadun toiselle puolelle jäi vanha kauppa ja sen naapuri Sex 10. Hyvästi suitsukkeiden tuoksu ja hyllyillä katselevat nukenpäät. Uudet naapurimme olivat kultasepänliike, kukkakauppa, pieni paperikauppa ja parturiliike, joiden tyylikkäistä työntekijöistä on aiemminkin ollut puhetta. Tervehdimme ja juttelimme ohi kulkiessamme.

Yrittäjänä olin itsenäisempi ja rohkeampi. Päätin mitä tahansa, olin yksin vastuussa. En ollut peloissani. Tähän olin pyrkinyt. Ajattelin vanhempiani, jotka olivat aloittaneet kauppiasuransa aikoinaan Karjalassa ja jatkaneet sitä sodan läpi 1960-luvulle. Tunsin itseni lenkiksi ketjussa – yhtä vahvaksi ja sitkeäksi kuin vanhempani pärjäämään maailman muutoksissa.

Runoilija Anna-Mari Kaskinen kulki kanssani samaa polkua ja valoi mieleeni rohkeutta:

Kulje vaiston varassa, kulje vailla pelkoa.
Lennä niin kuin muuttolintu yli esteiden.

Viisaus on Sinussa sydämesi pohjalla.
Älä pelkää ottaa vastaan kuiskausta sen.

Älä pelkää kulkea, avata ja sulkea.
Olet vapaa valloittamaan vuoren kaukaisen.

Nauti tästä retkestä, jokaisesta hetkestä.
Ota vastaan uusi päivä ainutlaatuinen.

JÄLKIKIRJOITUS

Kuusi ensimmäistä vuotta Scillan myymälä sijaitsi osoitteessa Eerikinkatu 10. Lokakuussa 1991 alkoi uusi ajanjakso kadun toisella puolella osoitteessa Eerikinkatu 7. Suuret näyteikkunat, valaistu myymälä, hyvät tilat esitellä ja sovittaa vaatteita toivat uusia asiakkaita ja samalla liikevaihto lähes kaksinkertaistui. Ratkaisu uudesta liikepaikasta oli ollut oikea.

Syyskesällä 2005 tuli se päivä, jolloin Vakuutusyhtiö Pohjola päätti maalata talon julkisivun. Rakennustelineet peittivät suuren osan näyteikkunasta eikä mitään ollut tehtävissä: syysuutuudet eivät näkyneet ulos kadulle eivätkä asiakkaat inspiroituneet ostoksille. Seurauksena oli liikevaihdon huomattava lasku. Remontin kestoa en tiennyt, joten katsoin viisaimmaksi lentää niin kuin runon muuttolintu yli esteiden – aloitin loppuunmyynnin tammikuussa 2006.

Takana oli 21 tapahtumarikasta vuotta. Muotituulet olivat kuljettaneet messuille Düsseldorfiin, Pariisiin, Kööpenhaminaan ja Tukholmaan. Ihanat asiakkaat olivat innostaneet suunnittelemaan uusia asukokonaisuuksia, omannäköistä muotia omaan persoonaan sopivaksi. Väriskaalaa löytyi jokaiselle värityypille, ei ainoastaan viimeisimpiä muotivärejä. Aina ei tarvitse pukeutua samaan muotiunivormuun kuin muut, sillä persoonallisuudesta ei tarvitse tinkiä. Oma tyyli syntyy pienistä yksityiskohdista – ihana huivi, kiva koru. Muoti yksin ei tee tyyliä.

Scillan viimeinen työpäivä oli 28.2.2006, jonka jälkeen kiinalaiset huonekalut levittäytyivät myymälään. Olin 67-vuotias eläkeläinen ja täynnä kaikenlaisia ideoita – halusin maalata tauluja, hoitaa kuntoa, kiertää muotikaupoissa, matkustella.

Nyt 80-vuotiaana liikun pyörätuolilla avustajan työntäessä kauppa-asioilla, taidenäyttelyissä ja puistoissa. Koen tänään toisenlaisen ainutlaatuisen päivän – avaan uusia ovia ja katson elämää eteenpäin muistoissa pieni onnellinen haikeus menneistä värikkäistä kauppiasvuosista.

Onnellinen siksi, että uskalsin yrittää.

Ilta-Sanomat 10. heinäkuuta 1987 / Pasi Heikura

VAIN LAHTI POIKKEUS
– JYRKKÄ EI KATUMAINONNALLE

Kesäinen mannermaatyylinen kauppojen myynninedistämiskonsti ja katukuvan värittäjä katumainonta on Suomen kaupunkien poliiseille ja päättäville tahoille melkoinen ongelma.

Liikennekaaosta ja mainosterroria pelätään kaikissa suurissa kaupungeissa paitsi Lahdessa, jossa lupia myönnetään niin kuin vain liikekaupungissa voidaan.

Keskustelua herättävä poliisivoimien puuttuminen liikkeiden katumainontaan ja -kaupusteluun on jokakesäinen ilmiö. Viimeksi tuskaantuivat Helsingin Eerikinkadulla toimivat pikkupuodit, kun edelliskesinä jalkakäytävällä loikoilleet vaatetelineet saivat tämän suven alussa kyytiä.

– Kysymyksessä ei ole mikään linjan tiukentaminen, samanlaista tämä on ollut aina, toteaa Helsingin ensimmäisen aluetoimiston johtaja ylikomisario Göran Wiksten.

Hänen mukaansa poliisi järjestää erityisiä puhdistuskampanjoita aina silloin tällöin. Usein myös naapuriliikkeen omistaja tekee ilmiannon.

Myyntituotteiden kadulle tuominen rinnastetaan mainontaan yleisellä paikalla, mikä on kaupungin järjestyssääntöjen 7. luvun 47. pykälän mukaan luvanvaraista. Lupaa haetaan kaupungin kiinteistövirastolta, joka pyytää lausunnon poliisilta.

Poliisin kanta on yleensä kielteinen, katumainonnan ajatellaan häiritsevät jalankulkuliikennettä kapeilla jalkakäytävillä. Vaikeudeksi nähdään myös, että jos yhdelle antaa luvan, ryntivät kaikki liikeyritykset kaduille telineineen, pömpeleineen ja banderolleineen.

– Etelä-Euroopassahan kaduilla kaupustelu on yleinen käytäntö, mutta Suomessa on pykäliin suhteutuminen muutenkin tiukempaa. Emme me halua vaikeuttaa liikkeiden toimintaa, Wiksten kertoo.

Jyrkkä EI katumainonnalle

Kesäinen mannermaatyylinen kauppojen myynninedistämiskonsti ja katukuvan värittäjä katumainonta on Suomen kaupunkien poliiseille ja päättäville tahoille melkoinen ongelma.

Liikennekaaosta ja mainosterroria pelätään kaikissa suurissa kaupungeissa paitsi Lahdessa, jossa lupia myönnetään niin kuin vain liikekaupungissa voidaan.

Keskustelua herättävä poliisivoimien puuttuminen liikkeiden katumainontaan ja -kaupusteluun on jokakesäinen ilmiö. Viimeksi tuskaantuivat Helsingin Eerikinkadulla toimivat pikkupuodit, kun edelliskesinä jalkakäytävällä loikoilleet vaatetelineet saivat tämän suven alussa kyytiä.

— Kysymyksessä ei ole mikään linjan tiukentaminen, samanlaista tämä on ollut aina, toteaa Helsingin ensimmäisen aluetoimiston johtaja ylikomisario Göran Wiksten.

Hänen mukaansa poliisi järjestää erityisiä puhdistuskampanjoita aina silloin tällöin. Usein myös naapuriliikkeen omistaja tekee ilmiannon.

Myyntituotteiden kadulle tuominen rinnastetaan mainontaan yleisellä paikalla, mikä on kaupungin järjestyssääntöjen 7. luvun 47. pykälän mukaan luvanvarasta. Lupaa haetaan kaupungin kiinteistövirastolta, joka pyytää lausunnon poliisilta.

Poliisin kanta on yleensä kielteiden, katumainonnan ajatellaan häiritsevän jalankulkuliikennettä kapeilla jalkakäytävillä. Vaikeudeksi nähdään myös, että jos yhdelle antaa luvan, rynnivät kaikki liikeyritykset kadulle telineineen, pömpeleineen ja banderolleineen.

— Etelä-Euroopassahan kadulla kaupustelu on yleinen käytäntö, mutta Suomessa on pykäliin suhtautuminen muutenkin tiukempaa. Emme me halua vaikeuttaa liikkeiden toimintaa, Wiksten kertoo.

Lahti liberaalein

Suhtautuminen katumainontaan on suurissa kaupungeissa tavallisesti kielteistä. Turussa jo kiinteistövirasto estää liikkeenhoidon ulottamiseen kadulle. Tampereella kielteistä kantaa lievittävät erikoissäädökset.

— Jos liikkeellä on merkkipäivä tai jokin erikoinen teemapäivä, myönnämme luvan mielellämme. Myös elokuussa pidettävien kukkaisviikkojen aikana jalkakäytävillä saa mainostaa ja myydä, kertoo apulaistonttipäällikkö Esko Nurmi Tampereen kiinteistövirastosta.

Liikkeenhoidollisesti vapaamielisimmäksi taajamaksi osoittautuu Lahti, joka myöntää luvan poikkeuksetta, jos mitkään erityiset seikat eivät ole esteenä. Lahdessa ei asiasta edes kysytä poliisin mielipidettä.

— Tilanne pysyy täällä hallinnassa erityisen myyntipaikkakorvauksen ansiosta, näkee asian kansliasihteeri Jouni Suuronen Lahden kiinteistövirastosta.

Kuvateksti: Vammaisia ja raajarikkoja väsymättä vaaniva mainosteline valmiina toimintaan.

Lahti liberaalein

Suhtautuminen katumainontaan on suurissa kaupungeissa tavallisesti kielteistä. Turussa jo kiinteistövirasto estää liikkeen hoidon ulottamisen kadulle. Tampereella kielteistä kantaa lievittävät erikoissäädökset.

– Jos liikkeellä on merkkipäivä tai jokin erikoinen teemapäivä, myönnämme luvan mielellämme. Myös elokuussa pidettävien kukkaisviikkojen aikana jalkakäytävillä saa mainostaa ja myydä, kertoo apulaistonttipäällikkö Esko Nurmi Tampereen kiinteistövirastosta.

Liikkeenhoidollisesti vapaamielisimmäksi taajamaksi osoittautuu Lahti, joka myöntää luvan poikkeuksetta, jos mitkään erityiset seikat eivät ole esteenä. Lahdessa ei asiasta edes kysytä poliisin mielipidettä.

– Tilanne pysyy täällä hallinnassa erityisen myyntipaikkakorvauksen ansiosta, näkee asian kansliasihteeri Jouni Suuronen Lahden kiinteistövirastosta.

* * *

KAUPPIAAT ÄKÄISINÄ
"JYRKKÄ EI HOLHOUKSELLE!"

Kuluva kesä on Eerikinkadun pikkuliikkeillä kulunut viime kesän kaihoisassa muistelemisessa. Vuosi sitten putiikkien edustat loistivat värikylläisinä pukineista, kukista ja postikorteista ja eteiset ruuhkaantuivat ostohaluisen kansanosan intoutuessa kaupankäyntiin.

Tänä kesänä ei pytinkejä paikalla näe, virkavallan keväinen vierailu sai kauppiaat ajattelemaan myynninedistämistyötä varovaisemmin.

Sirpa Mujusen paperikauppa sai viime kesänä kadunmiehiltä runsaasti kiitosta. Oven ulkopuolella pönöttävä postikorttiteline terhensi myyntiä ja pani taloyhtiön hallituksen ylistämään menettelyä.

– Ihmiset havahtuivat ihmettelemään, että onko tällainen kansainvälinen meininki mahdollista Suomessa, nostalgisoi Mujunen.

Kukaan kulkija ei telineisiin äkämystynyt, mutta ohi ajaneet poliisivoimat eivät pykälien rikkomisesta pitäneet. Kaupalle tehtiin huomautus asiasta ja tavarat komennettiin sakon uhalla sisätiloihin.

– Kaupan ovi on koko ajan auki, markiisi ulottuu metrin verran jalkakäytävälle, mutta seinän vieressä seisova kapea korttiteline on muka tiellä, manailee Mujunen.

Viereisen kukkakaupan Ch Barckin pitäjä *Marketta Petterson* ihmettelee myös virkavallan suhtautumista yksityisyrittäjien kaupunkikuvan kohennukseen.

– Kaupunginhan pitäisi oikeastaan maksaa meille, kun teemme tästä kivierämaasta elävämpää. Lyhyen kesän aikana voisi jotain tällaista tehdä, mutta virkamiehet pysyvät jääräpäisinä. Mahtuuhan lumikin tuohon jalkakäytävälle, lataa Petterson tomerana.

Ainoa mainostuslupaa hakenut kadunvarren liike vaatekauppa Scillan *Airi Pyykkö* sai anomuksensa bumerangina takaisin.

– Viime kesänä ulkoesittely lisäsi myyntiä jopa puolella. Samassa talossa asuvat ihmiset tulivat hämmästelemään kauppaa, he eivät olleet ennen havainneet tätä, todistaa Pyykkö väkevästi.

Kauppiaat äkäisinä

"Jyrkkä EI holhoukselle!"

Kuluva kesä on Eerikinkadun pikkuliikkeillä kulunut viime kesän kaihoisassa muistelemisessa. Vuosi sitten putiikkien edustat loistivat värikylläisinä pukineista, kukista ja postikorteista ja eteiset ruuhkaantuivat ostohaluisen kansanosan intoutuessa kaupankäyntiin.

Tänä kesänä ei pytinkejä paikalla näe, virkavallan edustajien keväinen vierailu sai kauppiaat ajattelemaan myynninedistämistyötä varovaisemmin.

Sirpa Mujusen paperikauppa sai viime kesänä kadunmiehitä runsaasti kiitosta. Oven ulkopuolella pönöttävä postikorttiteline terhensi myyntiä ja pani taloyhtiön hallituksen ylistämään menettelyä.

— Ihmiset havahtuivat ihmettelemään, että onko tällainen kansainvälinen meininki mahdollista Suomessa, nostalgisoi Mujunen.

Kukaan kulkija ei telineissä äkämystynyt, mutta ohi ajaneet poliisivoimat eivät pykälien rikkomisesta pitäneet. Kaupalle tehtiin huomautus asiasta ja tavarat komennettiin sakon uhalla sisätiloihin.

— Kaupan ovi on koko ajan auki, markiisi ulottuu metrin verran jalkakäytävälle, mutta seinän vieressä seisova kapea korttiteline on muka tiellä, manailee Mujunen. Viereisen kukkakaupan Ch Barckin pitäjä Marketta Petterson ih

mettelee myös virkavallan suhtautumista yksityisyrittäjien kaupunkikuvan kohennukseen.

— Kaupunginhan pitäisi oikeastaan maksaa meille tuomme tästä

Pahemmanlaatuista pykälien kiertämistä Eerikinkadulla: parturi Gentlemanin työntekijät Merja Aarttamo-Backlund, Riitta Lappalainen, Seija Lehessalo ja Sirkku Vihervaara mainostavat liikkeensä töitä kadulla häikäilemättömän avoimesti!

kivierämaasta elävämpää. Lyhyen kesän aikana voisi jotain tällaista tehdä, mutta virkamiehet pysyvät jääräpäisinä. Mahtuuhan lumikin tuhon jalkakäytävälle, lataa Pet

terson tomerana.

Ainoa mainostuslupaa hakenut kadunvarren liike vaatekauppa Scillan Airi Pyykkö sai anomuksensa bumerangina takaisin.

— Viime kesänä ulkoesittely lisäsi myyntiä jopa puolella. Samassa talossa asuvat ihmiset tulivat hämmästelemään kauppaa, he eivät olleet ennen havainneet tätä, todistaa Pyykkö väkevästi.

Airi Pyykkö organisoimana alueen liikkeet ovat laatineet tilan

Vaatekauppias Airi Pyykkö ihmettelee vanhanaikaiselta tuntuvaa katumainostuskieltoa.
— Asiasta pitäisi keskustella vakavasti, vaatii Pyykkö jämeränä.

teeseen parannusehdotuksen. Tiukkasanainen pamfletti esittää, että myymälät voisivat sijoittaa yhden, korkeintaan oven tai liikkeeseen johtavien portaiden levyisen telineen ilman lupa-anomusta jalkakäytävälle kaupan seinän vieressä.

Kauppiaiden mielestä on turhaa ostaa kalliita tilataiteen tekijöitä ulkomailta, kun putiikit tekisivät alati muuttuvaa tilataidetta ilmaiseksi.

PASI HEIKURA

Kuvateksti 1:Pahemmanlaatuista pykälien kiertämistä Eerikinkadulla: parturi Gentlemanin työntekijät Merja Aarttamo-Backlund, Riitta Lappalainen, Seija Lehessalo ja Sirkku Vihervaara mainostavat liikkeensä töitä kadulla häikäilemättömän avoimesti!

Kuvateksti 2: Vaatekauppias Airi Pyykkö ihmettelee vanhanaikaiselta tuntuvaa katumainostuskieltoa. – Asiasta pitäisi keskustella vakavasti, vaatii Airi Pyykkö jämeränä.

Airi Pyykön organisoimana alueen liikkeet ovat laatineet tilanteeseen parannusehdotuksen. Tiukkasanainen pamfletti esittää, että myymälät voisivat sijoittaa yhden, korkeintaan oven tai liikkeeseen johtavien portaiden levyisen telineen ilman lupa-anomusta jalkakäytävälle kaupan seinän viereen.

Kauppiaiden mielestä on turhaa ostaa kalliita tilataiteen tekijöitä ulkomailta, kun putiikit tekisivät alati muuttuvaa tilataidetta ilmaiseksi.

* * *

Ilta-Sanomat 20. heinäkuuta 1989

KADUNVARSIEN MYYNTITELINEET TUOVAT TUNNELMAA JA ASIAKKAITA

Viranomaisten kielteinen suhtautuminen ei vaikuttanut kiinteistölautakuntaan.

Kauppojen ovien vierille sijoitetut myyntitelineet ovat kahden vuoden ajan piristäneet kesäisin Eerikinkadun maisemaa Helsingissä. Liikkeenharjoittajat ovat käyneet kiivaan taistelun oikeudestaan, sillä poliisi on suhtautunut asiaan kielteisesti.

Lupia myöntää kiinteistölautakunta ja tällä hetkellä lupaa oikein perustein anoneet ovat sen myös saaneet. Kauppias Airi Pyykkö on pitänyt vaateliikettä Eerikinkadulla viiden vuoden ajan.

– Kesällä 1987 hain kaupungilta myyntitelineiden katukäytävällä pitoon. Tällöin poliisi ei antanut kiinteistöosastoille myönteistä lausuntoa asiasta ja lupa jäi saamatta.

Vuosi sitten keväällä viisi kadun varren yrittäjää teki yhteisen anomuksen kiinteistölautakunnalle. Tarmokkaat yrittäjänaiset ottivat yhteyttä poliisipäällikköön sekä kaupungin kiinteistöviraston päällikköön.

– Poliisi tyrmäsi meidät täysin, mutta kiinteistöviraston toimistopäällikkö Tapio Sademies lupasi puoltaa hanketta. Tämän jälkeen poliisilta ei kysytty enää muodollista lupaa, vaan kiinteistölautakunta tekee päätökset itse, kertoo Airi Pyykkö.

Myyntitelineet ja mainoskyltit ovat pienten liikkeiden ainoa keino saada asiakkaat pysähtymään. Eerikinkadun varrella liikkeiden näyteikkunat ovat pieniä ja huomaamattomia.

– Olen laskenut ulkoesittelyn lisänneen myyntiä noin 20 prosenttia.

– Myyntitelineet tuovat katukuvaan myös virkistävää mannermaita tunnelmaa ja piristävät muuten niin harmaata kaupunkimaisemaa.

– Luvassa on määritelty, että myymälä saa sijoittaa edustalleen yhden, korkeintaan oven tai liikkeeseen johtavien portaiden levyisen telineen jalkakäytävälle, kaupan seinän viereen. Mielestämme se ei haittaa jalankulkijoita. Muutoinkin tämän kadun varren liikkeet pitävät aina ovia auki.

Kiinteistölautakunta käsittelee luvat

Lupaa esittelytelineiden ulkona pitoon haetaan Helsingin kaupungin kiinteistöviraston talo-osastolta. Osasto välittää kaikki anomukset edelleen kiinteistölautakunnan käsiteltäviksi.

Viikoittain anomuksia käsitellään 3–4 ja lautakunta hyväksyy ne lähes poikkeuksetta. Ainoina ehtoina on, että luvanhakijan tulee olla liikkeenomistaja ja elintarvikkeita ei saa kadulla myydä. Lupa on voimassa kalenterivuoden.

Aikaisemmin lupia myönnettiin vain kävelykaduilla sijaitseville liikkeille, mutta nykyisin käytäntö on kirjavampaa, kerrotaan talo-osastolta.

Mainoskylttien sijoittamista koskeva asia on tällä hetkellä lausuntokierroksella.

Poliisi ja rakennusvirasto eivät puolla mainoskylttien sijoittamista jalkakäytäville. Heidän mielestään kyltit ja telineet hankaloittavat jalankulkuliikennettä sekä katukäytävien kunnossapitoa.

Myös vammaisjärjestöjen mielipidettä on kysytty. Jos heidän vastauksensa on kielteinen, lupia ei enää ensi vuodeksi myönnetä, talo-osastolta kerrotaan.

* * *

Kadunvarsien myyntitelineet tuovat tunnelmaa ja asiakkaita

Viranomaisten kielteinen suhtautuminen ei vaikuttanut kiinteistölautakuntaan

Liikkeen ulkopuolelle asetettu korttiteline saa monen ohikulkijan pysähtymään.

Kauppojen ovien vierille sijoitetut myyntitelineet ovat kahden vuoden ajan piristäneet kesäisin Erikinkadun maisemaa Helsingissä. Liikkeenharjoittajat ovat käyneet kiivaan taistelun oikeudestaan, sillä poliisi on suhtautunut asiaan kielteisesti.

Lupia myöntää kiinteistölautakunta ja tällä hetkellä kaikki lupaa oikein perustein anoneet ovat sen myös saaneet.

Kauppias **Airi Pyykkö** on pitänyt vaateliikettä Erikinkadulla viiden vuoden ajan.

— Kesällä 1987 hain kaupungilta lupaa myyntitelineiden katukäytävällä pitoon. Tällöin poliisi ei antanut kiinteistöosastolle myönteistä lausuntoa asiasta ja lupa jäi saamatta.

Vuosi sitten keväällä viisi kadunvarren yrittäjää teki yhteisen anomuksen kiinteistölautakunnalle. Tarmokkaat yrittäjänaiset ottivat yhteyttä poliisipäällikköön sekä kaupungin kiinteistöviraston päällikköön.

— Poliisi tyrmäsi meidät täysin, mutta kiinteistöviraston toimistopäällikkö **Tapio Sademies** lupasi puoltaa hanketta. Tämän jälkeen poliisilta ei kysytty enää muodollista lupaa, vaan kiinteistölautakunta tekee päätökset itse, kertoo Airi Pyykkö.

— Myyntitelineet ja mainoskyltit ovat pienten liikkeiden ainoa keino saada asiakkaat pysähtymään. Erikinkadun varrella liikkeiden näyteikkunat ovat pieniä ja huomaamattomia.

— Olen laskenut ulkoesittelyn lisänneen myyntiä noin 20 prosentilla.

— Myyntitelineet tuovat katukuvaan myös virkistävää mannermaista tunnelmaa ja piristävät muuten niin harmaata kaupunkimaisemaa.

— Luvassa on määritelty, että myymälä saa sijoittaa edustalleen yhden, korkeintaan oven tai liikkeeseen johtavien portaiden leviyseen telineen jalkakäytävälle, kaupan seinän viereen. Mielestämme se ei haittaa jalankulkijoita. Muutoinkin tämän kadun varren liikeet pitävät aina ovia auki.

Kiinteistölautakunta käsittelee luvat

Lupaa esittelyteIineiden ulkonapitoon haetaan Helsingin kaupun-

— Jalankulkuliikenne tällä kadulla on päiväsaikaan niin hiljaista, etteivät meidän myyntitelineemme häiritse heidän kulkuaan, sanoo kauppias Airi Pyykkö. — Mielestämme kortti- ja vaatetelineet vain elävöittävät ja piristävät katukuvaa.

gin kiinteistöviraston talo-osastolta. Osasto välittää kaikki anomukset edelleen kiinteistölautakunnan käsiteltäviksi.

Viikoittain anomuksia käsitellään 3–4 ja lautakunta hyväksyy ne lähes poikkeuksetta. Ainoina ehtoina on, että luvan hakijan tulee olla liikkeen omistaja ja elintarvikeita ei saa kadulla myydä. Lupa

on voimassa kalenterivuoden.

Aikaisemmin lupia myönnettiin vain kävelykaduilla sijaitseville liikkeille, mutta nykyisin käytäntö on kirjavampaa, kerrotaan talo-osastolta.

Mainoskylttien sijoittamista koskeva asia on tällä hetkellä lausuntokierroksella.

Poliisi ja rakennusvirasto eivät

puolla mainoskylttien sijoittamista jalkakäytäville. Heidän mielestään kyltit ja telineet hankaloittavat jalankulkuliikennettä sekä katukäytävien kunnossapitoa.

Myös vammaisjärjestöjen mielipidettä on kysytty. Jos heidän vastauksensa on kielteinen, lupia ei enää ensi vuodeksi myönnetä, talo-osastolta kerrotaan.

Kuvateksti 1: Liikkeen ulkopuolelle asetettu korttiteline saa monen ohikulkijan pysähtymään.

Kuvateksti 2: Jalankulkuliikenne tällä kadulla on päiväsaikaan niin hiljaista, etteivät meidän myyntitelineemme häiritse heidän kulkuaan, sanoo kauppias Airi Pyykkö. – Mielestämme kortti- ja vaatetelineet vain elävöittävät ja piristävät katukuvaa.